쓰는 게 어려워

N잡러를 위한 실속 있는 글쓰기 노하우

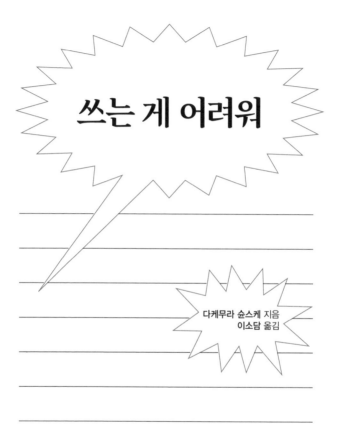

쓰는 게 어려워

다케무라 슌스케 지음
이소담 옮김

RHK
알에이치코리아

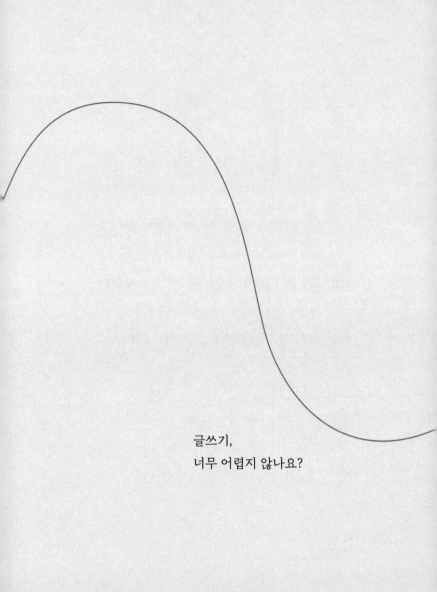

글쓰기,
너무 어렵지 않나요?

글을 쓰고 싶은 마음은 굴뚝 같은데 쓸 게 없어.

쓰기 시작해도 도중에 이게 뭔지 혼란스러워.

정성스럽게 쓴 글인데 "이해가 안 되는데요"라는 말만 들어.

시간을 들여 썼는데 사람들이 읽어주지 않아.

이런 글이 과연 재미가 있긴 한지 매번 불안해.

한 줄을 쓰고 지우고, 한 줄을 쓰고 또 지우고…….

그렇게 글을 쓰다 보면 점점 쓰기 싫어집니다.

눈도 피곤하고 손도 아프죠.

"말하는 것처럼 써라."

"네가 읽고 싶은 걸 써라."

이런 말을 아무리 들어도……

글을 쓴다는 거, 너무 어려운 일이죠?

그래도
이제 괜찮습니다!

글쓰기가 '어려운' 원인을 샅샅이 파헤쳐

각각에 맞는 최고의 대처법을 준비했습니다.

이 책에는 편집자인 제가 10년이 넘는 세월에 걸쳐 쌓아온

'누구나 글을 쓸 수 있게 되는' 스킬과 노하우가 담겼습니다.

이 책을 다 읽을 즈음에는 '어려워……'에서

'즐겁다!'로 기분이 확 바뀔 거예요.

오늘부터 '쓸 수 있는 사람'이 되어

여러분의 인생을 바꿔보세요.

누구나 쓸 수 있습니다

사실, 글은 누구나 다 쓸 수 있습니다.

다짜고짜 이런 소리를 해서 죄송합니다.
그런데 사실입니다.
정말 그런지, 잠깐 생각해 볼까요?

여러분, 카카오톡이나 라인 같은 메신저를 사용하죠?
트위터*나 인스타그램 같은 SNS도 해본 적 있을 겁니다.

---

* 2023년 7월부터 'X'로 이름을 바꾸었으나 친숙도를 고려해 이 책
에서는 '트위터'로 표기했다.

일하면서 이메일도 쓸 테고요.

어쩌면 가게 리뷰를 쓴 적이 있을지도 모르죠.

그렇습니다. 모두 매일 뭔가 '쓰고'는 있습니다.

그런데도 각 잡고 '글을 써야겠다!', '뭔가 써서 SNS에 올려야지!' 하고 마음 먹으면 갑자기 손이 멈추죠. 잔뜩 긴장하게 됩니다. 그렇지 않나요?

메시지는 쓸 수 있는데 장문의 포스트는 쓸 수 없다.

트위터는 할 수 있는데 제대로 구성한 글은 쓸 수 없다.

이메일은 쓸 수 있는데 칼럼이나 에세이는 쓸 수 없다.

똑같은 '글쓰기'인데 도대체 뭐가 다를까요.

사람들이 '나는 글을 못 써'라고 생각할 때, 보통은 글쓰기 스킬이 부족하다고 생각할 겁니다. 그런데 어지간한 사람들은 글을 쓸 수 있습니다. 손을 움직이면 뭐든 쓸 수는 있으니까요.

사실 글을 쓰지 못하는 원인은 '스킬'이 아닙니다.

다양한 원인이 있겠지만, 가장 큰 문제는 '멘털'입니다. 쓰지 못하는 진짜 원인은 글쓰기를 대하는 생각이나 마음가짐, 한마디로 멘털에 있습니다. 멘털만 잘 가다듬으면 누구나 글을 쓸 수 있게 됩니다.

쓰려고 하면 할수록
쓰지 못하게 되는 미스터리

'멘털이 문제'라는 말이 구체적으로 어떤 의미일까요? 꼽을 포인트가 한둘이 아니니 자세한 내용은 본문에 양보하기로 하고, 우선 딱 2가지만 언급하겠습니다.

의욕을 북돋아 '자, 써보자!'라고 다짐했을 때, 사람들은 '자기 안에서' 글을 만들어내려고 합니다.

머릿속을 뒤지며 '뭐 재미있는 콘텐츠 없을까?', '멋진 표현이 없나?' 하며 찾으려고 하죠. 그러다가 간신히 한 줄을 쓰기 시작하는데 잘될 리가 없습니다…….

한 줄을 썼다가 지우고 또 한 문장을 썼다가 지우기를 반복한 끝에 '나는 글에는 재능이 없는 것 같아' 하며 포기합니다.

자, 이 '만들어내려는' 멘털 자체가 잘못입니다.

사실 우리 안에는 아무것도 없기 때문이죠.

물론 재능 넘치는 일부 작가는 작품을 뚝딱 만들 수 있을지도 몰라요. 어느 날 갑자기 훌륭한 아이디어가 번득여서 손이 마음대로 움직일지도요.

하지만 평범한 사람은 그러기 어렵습니다.

저는 애초에 '쓰기'라는 단어 자체도 별로라고 생각합니다. '문장'이나 '글쓰기'나 '라이팅'…… 이런 단어에는 '목적'이 없습니다. 쓰는 것 자체가 목적이 되면 제대로 쓰지 못하는 게 당연합니다. 그러니 쓰려고 하면 할수록 쓰지 못하게 됩니다.

중요한 것은 '쓰려고 하는 것'이 아니라 '전달하려고 하는 것'입니다.

이메일도, 메신저도, 다른 사람에게 뭔가 전달하려고 하면 자연스럽게 쓸 수 있습니다. "좋았어, 어디 한번 메시지를 보내볼까?"하며 메신저를 쓰는 사람은 없죠. '전철이 지연되어서 늦을 것 같습니다'라는 사실을 전달하고 싶어서 자연스레 씁니다.

문장 교실의 첫걸음이 바로 이것입니다. '전달'하려고 하면 됩니다. 그러면 '뭔가 만들어내야 한다'고 어깨에 빡 힘을 주지 않아도 자연스럽게 문장이 나옵니다.

처음부터 쓰려고 하면 안 된다

한 가지 더 알아보겠습니다.

사람은 글을 '처음부터 만들어내기'는 어려워해도 '이미 있는 글을 수정하기'는 할 수 있습니다. 사람들은 대부분 타인의 글을 보고 평가할 수 있습니다.

"여기, 조사를 잘못 쓴 것 같은데?"라고 지적하거나 "음, 약간 이해하기 어려워. 하고 싶은 주장이 있다면 하나로 좁히는 게 좋지 않을까?"라고 친구에게 조언하곤 하니까요. 이 2가지 일을 혼자서 할 수 있으면 글쓰기가 훨씬 간단해집니다.

다시 말해 저자와 편집자 1인 2역을 하면 된다는 말입니다.

일단 어설퍼도 좋으니까 전달하고 싶은 말을 자유롭게 우르르 쏟아냅니다. 그런 다음에 '편집자'의 냉정한 시선으로 문장들을 검토하고 다듬습니다.

그러면 혼자서도 어느 정도는 수준 있는 글을 쓸 수 있어요.

저는 지금까지 도서 편집자로서 50권이 넘는 책을 만들어왔습니다. 책을 만드는 과정에서 저자나 저술가가 쓴 글에 '빨간 펜 첨삭'으로 조언하거나 수정했습니다. 또 작가의 글을 '리라이팅(고쳐 쓰기)'한 적도 많습니다.

사실, 저는 원래 글쓰기 자체를 좋아하지 않고 애초에 못 합니다. 당연히 '쓰기'를 일로 삼을 생각은 하지도 않았어요. 하지만 다른 사람의 글을 수정하다가 결과적으로 '쓰기'를 터득하게 되었죠.

'갑자기 처음부터 쓰려면 어려워도 이미 있는 걸 수정

하는 방식으로는 쓸 수 있겠는데…….' 이 사실을 깨달은 이후로 쓰는 일에 저항감이 사라졌습니다.

본인이 글을 못 쓴다고 생각하는 사람은 먼저 '쓰겠다'는 마음가짐을 바로잡아 '전달하려고' 해보세요. 또 갑자기 '아무것도 없는데 만들어내려고' 애쓰는 게 아니라 '일단은 써보고 수정해서 글을 완성하기'를 시도해 봅니다. 이 정도만 해도 글쓰기가 한층 편해질 거예요.

'쓰는 게 힘든' 원인을 발견한다

저는 편집자로서 10년 넘게 다양한 문장을 접하면서 "글을 못 쓰겠는데 어떻게 하면 좋을까요?"라는 저자의 고민을 숱하게 들어왔습니다.

주로 비즈니스 관련 서적을 편집해 왔기에, 제가 담당해 온 저자는 글쓰기를 생업으로 하는 사람이 아니라 경영자나 사업가였습니다. 그래서 '글쓰기의 프로'가 아닌 이들이 어떻게 하면 글을 쓸 수 있을지를 늘 고민했습니다. 게다가 최근 들어 저도 글 쓰는 일이 많아져서 최대한 편하게 글을 쓸 수 있는 방법을 모색했습니다.

그리고 시행착오 끝에 '쓰는 게 어려운' 원인을 알아냈습니다! 다음 페이지의 도표에서 소개하는 5가지입니다. 이 5가지의 어려움을 하나하나 격파하면 '쓰는 게 즐거운' 경지에 도달할 수 있습니다.

1장에서는 '쓸 게 없어서 어려워'라는 심리를 극복해 보겠습니다.

쓸 거리가 없으면 글을 쓸 수 없습니다. 글감을 발견하기가 왜 어려울까? 글감을 어떻게 발견하면 좋을까? 이 고민에 답을 제시하겠습니다.

2장은 '전달되지 않아서 어려워'입니다.

글을 쓰긴 쓰는데 이상하게 사람들에게 전달이 안 되고, "네 글은 도무지 이해가 안 돼"라는 말을 듣는 사람에게 '이해하기 쉬운 문장을 쓰는 요령'을 구체적으로 알려드립니다.

3장은 '읽어주지 않아서 어려워'입니다.

이제부터 기어를 한 단계 올려보죠. 이해하기 쉽게 써도 읽어주는 사람이 없으면 의미가 없어요. 여러분의 글

· 쓰는 게 어려워 ·

1장 쓸 게 없어서 어려워

2장 전달되지 않아서 어려워

3장 읽어주지 않아서 어려워

4장 재미없어서 어려워

5장 계속하지 못해서 어려워

이 책을 읽으면…

· 쓰는 게 즐거워 ·

· 글감을 찾아낸다

· 글이 이해하기 쉬워진다

· 많은 사람이 읽어준다

· 읽는 이의 감정을 움직인다

· 글쓰기가 습관이 된다

을 많은 사람이 '읽게 하려면' 어떻게 하면 좋을지 알려드립니다.

4장은 '재미없어서 어려워'입니다.

읽어주는 사람이 있어도 "재미가 하나도 없네"라는 말을 들으면 슬픕니다. 글의 매력도를 높여 사람들이 지루함을 못 느끼고 읽게 하는 방법을 소개합니다.

5장은 '계속하지 못해서 어려워'입니다.

잠깐은 써도 계속해서 쓰지 못하면 쓰는 힘이 반감합니다. 따라서 쓰기를 습관화하는 힌트를 소개하겠습니다.

저는 문장력을 높이는 도구로 트위터가 아주 효과적이라고 생각해요. 따라서 5장에서는 주로 트위터를 예시로 들 겁니다. SNS 활용법을 고민하는 사람에게도 도움이 될 겁니다.

6장에서는 쓰는 게 어렵다는 괴로움을 끝장내고자 글쓰기의 힘과 이점을 정리해서 소개할 겁니다. 이 장을 끝까지 다 읽으면 틀림없이 '쓰는 게 즐거워'질 거예요.

누구든 사용할 수 있고
효과는 무한대인 '쓰기'의 마법

쓰는 스킬을 높이면 업무의 수준이 훨씬 높아집니다.

이해하기 쉬운 이메일을 쓰면 의사소통이 수월해지죠. 문제 상황도 눈에 띄게 줄고, 회사 안팎으로 평가도 좋아집니다. 영업이나 PR 일을 한다면 '팔리는 카피'를 쓸 수 있습니다. 경영자라면 본인의 생각이나 비전을 널리 전달할 수 있습니다. 그러면 직원들의 의욕도 높아지고, 유능한 직원을 채용할 수 있습니다.

'쓰기'에는 인생을 바꾸는 힘이 있습니다.

저는 줄곧 쓰는 게 어려웠습니다. 직업상 어쩔 수 없이 글을 만졌지만 쓰는 걸 즐기는 편은 아니었어요. 그러다가 쓰기 어려운 원인을 알고 하나씩 극복했더니, 점차 글을 써서 보여주게 되었습니다. 트위터나 note* 같은 도구

---

* 글, 그림, 음악 등 창작품을 올리는 웹사이트. 우리나라의 브런치스토리나 블로그와 비슷하다.

를 이용해 직접 인터넷 세상에 글을 올리게 되었죠.

그랬더니 인생이 전혀 다르게 바뀌었습니다.

원래 제 트위터 계정은 팔로워가 5,000명에 못 미쳤는데 반년 만에 1만 명을 넘어서(2024년 3월 시점에 4.9만 명 이상) 회사에서 독립할 때 큰 힘이 되었습니다. note에는 편집자 관점으로 '문장 쓰는 법'이나 '기획하는 법'에 관해 기록했습니다. 그러자 많은 사람이 관심을 보였고, 150만 이상의 페이지 조회 수를 기록했습니다.

글을 써서 존재감을 드러내게 되자, 출판업계뿐 아니라 웹이나 광고업계에서도 "이런 걸 써주실 수 있나요?", "이런 일, 같이 해보지 않으실래요?" 하고 제안해 왔습니다. 경영자의 커뮤니케이션 서포트라는 홍보 비슷한 일도 하게 되었죠.

저는 '글쓰기는 아주 큰 무기가 된다. 게다가 앞으로 점점 더 쓰기의 가치가 높아질 것이다'라고 확신하고 '글로 전달하기'에 중점을 둔 회사를 설립했습니다.

'쓰기'는 일상을 바꾸고, 경력을 바꾸고, 인생을 바꿔줍니다. 누구든 사용할 수 있으면서도 효과는 무한대인 '마법'이죠.

이 책을 손에 든 여러분도 부디 '쓰는 게 어려워'를 극복하고 쓰기의 힘을 만끽하면 좋겠습니다.

— 다케무라 슌스케

차 례

2장 전달되지 않아서 어려워
'이해하기 쉬운 글'의 기본

읽어주지 않아서 어려워

글을 '많은 사람에게 전달하는' 방법

3장

 재미없어서 어려워
상품이 될 '재미있는 글'은 이렇게 만든다

계속하지 못해서 어려워

쓰기가 '습관'이 되는 방법

6장 글을 쓰면 인생이 달라진다

'어려워' 그 너머의 새로운 나

1장

쓸 게 없어서
어려워

쓰기 이전의

'취재'와 '사고법'

'자기 이야기'를
쓰지 않아도 된다

쓸 게 없어서 고민인 사람, 정말 많습니다.

"아웃풋을 내는 게 중요하죠. 알아요. 근데 쓸 게 없다고요!"
"글을 쓰고 싶은 마음은 굴뚝 같은데요, 도대체 뭘 쓰면 좋을까요?"

이런 고민 상담을 자주 받거든요.

쓸 게 없어서 고민인 사람에게는 공통점이 있습니다.
바로 '자기 이야기'를 쓰려고 하는 것이죠. 자신에게 콘텐츠가 있어야 한다고 믿습니다.

자기 안에 '대단한 것'이 없어도 표현할 수 있습니다. 스스로 콘텐츠를 만들려고 하지 말고 우선 다른 사람의 이야기, 주변 이야기를 쓰려고 해보세요.

'프롤로그'에서도 잠깐 언급했듯이 우리 안에는 아무것도 없습니다. 잠시 철학적인 언급을 하겠습니다만, '자신'이란 '타자他者'로 이루어집니다. 나 자신을 설명하는 상황을 가정해 볼게요. "저는 ○○ 출신입니다. 이런 회사에서 일하고, 이런 동네에서 살고 있습니다"라고 말하겠죠. 이때 출신지와 회사, 그리고 사는 동네는 '자신'이 아니라 '타자'입니다. 내 이야기를 하려면 반드시 타자를 말하게 됩니다. 정확하게는 타자를 말함으로써 '나의 윤곽'이 또렷해집니다.

'콘텐츠 메이커'가 아니라
'미디어'가 된다

저도 다른 사람에게 들은 이야기를 자주 인터넷에 올림

니다.

언젠가 '기분이 좋다는 건 곧 품질이 좋다는 것이다'라는 트윗을 써서 많이 리트윗된 적이 있는데, 이건 가톨릭 수녀님에게 들은 이야기입니다. 또 자율신경 연구로 유명한 준텐도대학의 고바야시 히로유키小林弘幸 교수에게 '인간의 참을성은 그 양이 정해져 있다'는 말을 듣고, "이거다!" 싶어서 트윗했더니 역시나 많이 리트윗되었죠.

내 이야기를 쓰기 어렵다면, 주변에서 생긴 일이나 내 마음이 움직인 순간을 쓰면 됩니다.

어머니가 한 말이나 행동이 재미있으면 그걸 문장으로 옮겨도 좋아요. 회사에 특이한 사람이 있으면 그 사람에 대한 이야기를 글로 써봐도 좋습니다. 책에서 읽은 업무 노하우도 좋고, 남에게 들은 이야기도 좋습니다. 인상 깊었던 것을 조금씩 써서 올리면 됩니다.

우리는 누군가에게 어떤 자극을 받으며 살아갑니다. 쓰기는 단지 내가 받은 자극을 밖으로 내보내는 것입니다.

말하자면 우리 모두 '미디어'인 셈이에요.

그런데 '콘텐츠 메이커'가 되려고 하니까 일이 어려워집니다. 아무것도 못 쓸 것 같을 때 시선을 두어야 할 곳은

'자기 내면'이 아니라 '바깥쪽'입니다.

다른 사람 이야기를 써도 된다고 말하면, "그건 남의 콘텐츠를 훔치는 거 아니에요?"라는 반응을 가끔 듣곤 합니다. 그렇지 않습니다. 물론 다른 사람이 한 말인데 마치 자기가 고안한 것처럼 써서 올리면 안 되지만 "이건 들은 이야기인데요"라고 전제하면 괜찮습니다.

정보나 콘텐츠 자체는 이미 널리고 널렸습니다. '완전히 새로운 것'을 표현하기란 몹시 어려운 일입니다. 이 시대에는 '무엇을 말했는가'보다 '누가 말했는가'가 중요합니다. 즉, 유일무이한 존재인 '당신'을 거쳐서 올린 글이라는 데에 의미가 있습니다. '어떤 필터를 거쳤는가?', '어떤 사람이 말했는가?', '그 정보를 접하고 당신은 무엇을 느꼈는가?' 이것이 중요합니다.

인생이 잡지라면
우리는 '인생의 편집장'이다

저에게는 '사람들에게 전달하고 싶은 강렬한 메시지'는

없습니다. 세상에 대고 호소하고 싶은 것도 딱히 없고요.

물론 평화로우면 좋겠다거나 모두가 사이좋고 풍요롭게 살면 좋겠다고는 생각합니다. 그렇다고 "이 세상에 평화를!" 하고 소리 높여 길거리 연설을 하거나 블로그에 요란하게 글을 올리고 싶을 정도는 아니죠.

일반적인 사람들은 대부분 이렇지 않을까요? 뭔가 글을 써서 올리고는 싶은데 딱히 사람들에게 전달하고 싶은 내용은 없는 상태 말이죠.

그래도 저는 '세상에 이렇게 재미있는 사람이 있어!', '이런 걸 발견했어!', '이거, 진짜 도움 될 거야!' 같은 내용은 전달하고 싶습니다.

'쓰지 못하는' 사람은 '작가 마인드'가 아니라 '편집자 마인드'로 전환해 보는 것을 추천합니다. 작가라면 자기 내면에 호소하고 싶은 무언가가 없으면 힘들겠지만, 편집자는 '누군가에게 전달하고 싶다'라고 생각만 하면 됩니다.

우리 인생을 잡지라고 하면, 사람들은 모두 자기 인생의 '편집장'입니다. 재미있는 것, 도움 될 만한 것을 찾아서 모으면 됩니다.

'쓰기'는 '편집'에 가까운 행위입니다. 이미 있는 정보나 말을 조합해서 문장으로 표현하는 것에 지나지 않으니까요.

저는 블로그 포스트를 쓰거나 책을 쓰니까 작가냐는 말을 자주 듣습니다. 그렇지만 개인적으로는 '편집자'에 가깝다고 생각합니다. 누군가를 취재한 뒤에 글로 옮긴 소재 없이는 글을 쓰지 못하니까요.

취재 대상자에게 많은 이야기를 듣고 소재를 얻습니다. 아무것도 없는데 자력으로 글을 만들어내는 건 힘들어요. 결국 소재를 '편집'하는 것에 지나지 않기 때문에 작가라는 호칭에는 위화감을 느낍니다.

'작가'가 아니라 '편집자', '쓰기'가 아니라 '편집하기'의 마인드로 문장 엮기, 어디 한번 시도해 보세요.

· 지금까지의 '쓰기' ·

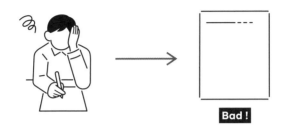

쓰려고 하니까 어렵다.

· 앞으로의 '쓰기' ·

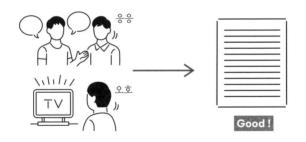

취재해서 편집하면 즐겁다!

'쓰기' 이전에
'취재'가 있다

'쓰기' 전에 '취재'는 필수입니다.

재료가 없으면 초밥을 만들지 못하는 것처럼 재료, 즉 글감이 없으면 문장도 쓰지 못합니다. 취재해서 글감을 모아두지 않으면 '어디, 써볼까?' 하는 마음이 들어도 쓰지 못해요. 지극히 당연한 소리인데, 이 지점에서 그만두는 사람이 많습니다. 못 쓴다고 한탄하기 전에 '제대로 취재했는가?', '글감이 있는가?'부터 확인해 봅시다.

'어떻게 쓸 것인가'에 집착하는 사람을 자주 봅니다. '어떻게 표현하면 좋을까', '어떻게 하면 예쁜 문장을 쓸 수 있을까' 고민하죠. 그런 걸 고민할 시간이 있다면 '무엇을 쓸 것인가' 즉, 글감에 집착하는 게 좋습니다.

하나도 재미없는 내용을 공들여 아름다운 글로 표현해 봤자 사람들은 읽어주지 않습니다. 재미없는 내용을 재미없게 전달한 것뿐이죠. 예쁘기만 한 글은 읽기에는 좋겠지만 대충 보고 흘려버립니다. 그러나 말이 조금 이상하거나 문법이 맞지 않아도 내용이 재미있으면 사람들은 좋아합니다.

· 글감이 없으면 글을 쓸 수 없다 ·

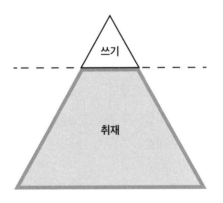

'쓰기'의 수면 아래에는 '취재'가 있다.

재미있는 글은 내용이 재미있어요. 재미없는 글은 내용이 재미없습니다. 이게 전부입니다. 물론 어떻게 쓰느냐에 따라 재미있게 만드는 방법도 다양하게 있지만, 이건 어디까지나 최후의 테크닉입니다. 우선 글감이 재미있지 않으면 재미있는 글을 쓰기 어려워요. 그러니 '취재'에 힘을 쏟아야 합니다.

'취재 마인드'를 갖추자

취재라고 해서 신문기자처럼 녹음기나 카메라를 들고 다닐 필요는 없어요. '난 취재하러 왔어'라는 마음가짐만 갖추면 됩니다.

자, 국수 가게에 방문했다고 해볼까요. 취재하겠다는 마인드가 없다면 평범하게 먹고 돌아오겠죠. 그러면 이런 글을 남기게 되겠네요.

Bad !

오늘은 칼국수를 먹었다. 맛있었다.

비망록이나 일기를 쓴다면 이걸로도 괜찮은데, 다른 사람이 읽어주길 바란다면 이 글로는 부족합니다.

이때 취재 마인드를 발휘합니다. '이건 취재야'라고 생각하고서 국수 가게에 들어가면 많은 것이 보입니다. 그 결과,

> **Good !**
>
> 칼국수가 끝내주게 맛있었다. 다만 마음에 걸리는 게 한 가지 있었는데, 국수를 내줄 때 가게 주인의 손가락이 국물에 빠졌다.

혹은,

> **Good !**
>
> 국수 가게의 벽에 '인생은 걸쭉한 국물과도 같다'라는 격언이 붙어 있었다. 이 국수 가게, 왜 이런 격언을 적어 놓았을까. 단순히 국수를 먹고 싶어서 들어왔을 뿐인데 인생론을 설파하는 가게는 조금 부담스럽다.

이처럼 더 깊은 맛이 나는 글이 됩니다.

취재 마인드를 갖추면 가게를 선택하는 방법도 달라질 수 있어요. 예를 들어 유명한 체인점이 아니라 길거리 한적한 곳에 있는 오래된 국수 가게를 고르는 것도 괜찮죠. 누가 들어가는 걸 본 적 없고, 가게 주인도 매일 텔레비전을 보거나 신문을 읽는 가게입니다. 일부러 그런 곳에 들어가 보면 글감의 천국입니다. 정신 차리고 보니 가게 일을 돕고 있거나 아무 설명도 듣지 못하고 쫓겨나거나, 이런 일이 벌어지면 글감이 두둑해집니다.

민감한 체질은 '취재'에 적합하다

'유난히 민감한 사람'이나 '신경질적인 사람', '위화감을 잘 느끼는 사람'은 취재 마인드를 타고났습니다. 반대로 '뭘 먹고 뭘 하든 별생각 없는 사람'이나 '세상에 무감각한 사람'은 글감을 잘 발견하지 못합니다.

일일이 짜증이 나고 자잘한 데 신경이 쓰이는 사람은 여러모로 삶이 버겁겠지만 그런 부분들을 아웃풋하면 훌륭한 글감이 됩니다.

문득 무언가를 느꼈을 때 잠깐잠깐 멈춰 서서 생각하는 것도 중요해요. 고흐 전시회 같은 미술전을 보러 가면, 마치 책의 '머리말'처럼 입장하자마자 길고 긴 글이 있죠. 고흐는 몇 년에 태어났고, 어떤 재단의 협력을 얻어 기획전을 개최했고, 같은 내용이 적혀 있습니다. 그 내용을 스무 명 정도가 둘러싸고 읽어요.

'……저거 무의미하지 않아?' 싶습니다. 그림을 다 같이 둘러싸고 본다면 이해해요. 그런데 글이라면 종이로 출력해서 나눠주면 손에 들고 읽을 수 있고, 홈페이지에 게재해도 됩니다. 음성이나 영상으로 틀어봐도 되고요. 그런데 서로 밀치락달치락하며 '머리말'을 읽고 있습니다.

그래요, 그 자리에서 읽는 데에 의미가 있을지도 모르죠. 하지만 저는 '모처럼 입장료를 내고 왔으니까 전부 다 읽어서 본전을 뽑아야지'라는 생각으로 읽는 사람도 많다고 짐작합니다.

이런 식으로 '저기에 무슨 의미가 있나?'라는 생각이 들었다면 따로 메모해서 기억해 둡니다. 위화감을 느꼈는데도 그냥 받아들이면 어느 순간 그게 자기 '상식'으로 자리 잡고 맙니다. 그러면 '취재 마인드'가 사라져요.

영화 〈굿바이〉나 애니메이션 〈꿀벌 하치의 대모험〉의 각본을 쓴 시나리오 작가 고야마 군도小山薫堂 씨도 평소 '이건 이렇게 하면 더 좋겠는데'라는 생각이 들 때 전부 기억해 뒀다가 제작할 때 활용한다고 합니다. 평범한 사용자로서 '이러는 편이 더 편리하지'라는 감각을 잊지 않는 것이죠.

깨달은 것을 글로 적어 어딘가에 게시하면 글감도 되고, 그 글에 공감하는 사람이 더 있으면 정말로 개선될 수도 있어요. 그러면 일상이 좀 더 즐거워질 겁니다.

부정적인 감정을 글감으로 '승화'하자

부정적인 감정은 없는 편이 좋다고 하죠.

옳은 말입니다만, 인간이라면 자연히 부정적인 생각이 들 때도 있습니다. 분노, 슬픔, 질투 같은 감정은 자연스러운 겁니다.

그리고 사실, 부정적인 감정은 어마어마한 에너지를 품고 있어요. 이 에너지를 효율적으로 이용하면 어떨까요? 부정적인 감정을 긍정적으로 바꿔 글감으로 삼는 겁니다.

열받는 일이 있거나 슬픈 일이 생기면 곧바로 트위터에 하소연하고 싶어지죠. 하지만 그대로 흘려보내면 사람들이 봐주긴 해도 '좋아요!'를 눌러주진 않습니다. 오히려 '이 사람, 툭하면 짜증 내는 사람인가?' 혹은 '정서불안 아니야?' 하는 인상만 품게 만들고 끝이라 좋을 게 없어요. 팔로워도 늘지 않습니다. 오히려 비슷하게 부정적인 감정을 품은 사람들이 몰려들어 지저분한 댓글만 달립니다.

사람은 부정적인 발언에 굳이 시간이나 돈을 쓰지 않아요. 그러니 부정적인 것을 긍정적으로 변환해서 말하는 것입니다.

재수 없는 인간을 만나면 반면교사로 삼아 교훈을 얻으면 됩니다. 예를 들어 매일 같이 기분 나쁜 티를 내는 상사가 있다면 '맨날 기분 우울한 상사가 있어서 짜증 나!'라고 쓰지 말고 '직장 분위기가 좋아야 일이 더 잘되지'라고 긍정적인 발언으로 전환해서 표현하는 겁니다.

부정적인 감정도 에너지라서 억누르기만 하면 아까워요. 그러니 긍정적으로 변환해서 표현해 보세요.

이렇게 표현하면 부정적인 말을 한 게 아니면서도, 사람들의 공감을 사기도 쉽죠. 그중에는 트위터를 보고 '기분 나쁘게 구는 사람과 만났나 보네' 하고 트윗이 품은 속마음을 알아차리는 사람이 있을지도 모르나, 그렇다고 불쾌하게 여기는 사람은 없어요.

뉴스를 보고 돌발적으로 '이거 진짜 열받는다!' 생각해도 일단 하룻밤 미뤄둡니다. 너무너무 화가 나는 일이 생겨도 일단 미뤄둬요. 그 감정을 긍정적으로 변환할 수 있을 때 표현합니다.

사실 부정적인 감정에서 시작한 콘텐츠는 좋은 콘텐츠가 될 가능성이 큽니다. 왜냐하면 그건 '진심'이거든요. 진심에는 열기가 있습니다.

아무 감정 없는 것에서 억지로 콘텐츠를 만들려고 하면 '그럴싸하고', '겉만 반지르르한' 문장만 나올 뿐입니다. 부정적인 감정처럼 애초에 에너지가 넘치는 것은 긍정적

· 부정적인 감정을 긍정적인 감정으로 변환한다 ·

으로 전환하더라도 열기가 여전히 활활 넘칩니다.

그러니 부정적인 감정은 곧 좋은 기회입니다. 다만 어떤 사건이 생겼을 때, 있는 그대로 말하면 초보자예요. 그걸 '승화'해서 가치 있는 콘텐츠로 만드는 것이 중요합니다.

댐에 물을 저장하듯
메모하자

글감을 발견하면, 그때그때 메모하는 게 좋습니다.

저는 구글 킵Google Keep이라는 앱을 사용합니다. 간단한 메모 앱인데, 스마트폰과 컴퓨터로 동기화할 수 있어서 편리해요.

아무리 소소하고 별것 아닌 글감이라도 괜찮습니다.

'이 카페의 물, 틀림없이 수돗물을 쓸 거야'라거나 '맥북은 추운 방에 두면 꽝꽝 어네'처럼 그것만으로는 글감이 될 것 같지 않은 평범한 내용도 좋아요. 일단 무조건 쌓아두는 게 중요합니다. 먼지처럼 자그마한 글감이 쌓이고 쌓여 하나의 재미있는 글감이 되는 경우도 많아요.

만약 사소한 글감이라면, 저는 곧바로 아웃풋하지 않습

니다. 무진장 재미있는 글감을 찾으면 곧바로 트윗할 때도 있는데, 그렇지 않다면 모아둡니다. 그저 그런 글감을 금방금방 내보내면 효과적이지 않아요. 읽은 사람도 '아, 그러서' 하고 말 거예요. 혹은 무시하거나요.

댐을 상상해 보세요. 물이 얼마 저장되지 않았는데 방류하면 졸졸 흐르겠죠. 반대로 물 저장량이 많으면 콸콸 기세 좋게 흐릅니다. 그것과 같은 이미지입니다.

물이 많다고 계속 흘려보내면 수력 발전을 하고 싶어도 전력이 생기지 않습니다. 그러나 저장해 두었다가 단숨에 흘려보내면 물이 시원하게 흐르면서 엄청난 에너지가 만들어집니다.

이처럼 모아놓은 글감을 그대로 내놓지 않고 묵히면, 생각지 못한 형태로 숙성되기도 합니다. 편의점에서 들었던 생각이나 신문에서 읽은 기사, 텔레비전에서 들은 이야기가 합쳐지면서 한 가지 글감이 되기도 하죠.

당분간 아웃풋을 멈추고 오로지 인풋하는 상태를 이어가 보세요. 그러면 아웃풋할 만한 글감이 알아서 모입니다. 그리고 충분히 모였을 때, 한꺼번에 방출하는 거예요.

그러면 좋은 반응을 부르는 글감이 만들어집니다.

운동하고 든든히 먹지 않으면
'큰 거'가 안 나온다

'쓰기'라고 하면 컴퓨터나 스마트폰에 정신없이 텍스트를 입력하는 모습을 떠올리기 쉽죠. 알고 보면 지금까지 설명한 것처럼 그 전에 인풋 과정이 있습니다.

또 쓰기를 정신적인 작업이라고 착각하기 쉬운데요. 사실은 생각보다 훨씬 '육체적인' 작업입니다. 철학자라면 몰라도 평범한 사람이 몸을 움직이지 않고서 재미있는 글을 쓰는 것은 불가능합니다.

취재 마인드로 거리를 돌아다니거나 누군가와 대화하는 등 육체적으로 움직여야만 자연스레 쓸 것이 모입니다.

쓰지 못해서 끙끙 고민하는 것은 '변비'와 같습니다.

밥도 안 먹고 운동도 안 하면서 변기에 앉아 끙끙거려도 '큰 거' 소식은 없죠. 밖에 나가 우걱우걱 먹고, 몸을 움직이고, 물도 많이 마시면서 즐겁게 지내다 보면 자연스

· 인풋이 모이면 아웃풋할 수 있다 ·

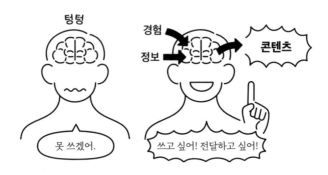

럽게 나올 겁니다(변비는 그렇게 단순한 문제가 아니라는 말을 들을 것 같은데, 비유이니 용서해 주세요).

인풋 없이 아웃풋은 없습니다. 혼자 화장실에서 끙끙거려봤자 아무 소용 없어요.

『인생의 승부는 아침에 결정된다』 등 다수의 비즈니스 서적을 출간한 센다 다쿠야千田琢哉라는 작가가 있습니다. 센다 씨는 어마어마한 독서가입니다. 책을 굉장히 좋아해서 역사서나 전기물 등 다양한 방면의 많은 책을 읽었다고 합니다. 역시 대량으로 인풋하니까 대량으로 아웃풋할 수 있는 것입니다.

기업인이자 방송인이며 작가로도 유명한 호리에몽(호리에 다카후미堀江貴文) 씨도 그래요. 거의 매달 책을 낼 수 있는 이유는 남들보다 더 많이 움직여 많이 인풋하기 때문입니다.

'쓰기' 전에
'듣기' 기술을 배워라

글의 수준은 취재의 수준과 비례합니다.

취재를 잘하면 글도 좋아져요. 당연한 말이지만, 프로 중에도 이걸 모르는 사람이 생각보다 많습니다. 취재는 대충 마무리하고 글을 쓰는 단계에서 억지로 재미있게 하려고 해도 쉽지 않아요. '아아, 재미있었어!', '이건 꼭 사람들에게 들려주고 싶네!' 취재 도중에 이렇게 느끼면 반드시 글도 재미있어집니다.

'무엇을 쓸까' 이전에 '무엇을 들을까'에 힘을 쏟아야 합니다. 맞은편에 앉은 사람에게 무엇을 끌어낼까? 취재는 문장 수준을 좌우하는 승부처입니다.

취재가 즐거워지는 3가지 포인트

취재를 재미있게 이끌기 위해 시도하는 방법이 몇 가지 있습니다.

하나는 '인생 상담하기'입니다.

상담의 내용이 꼭 취재 주제와 맞지 않아도 괜찮습니다. 이노베이션에 관한 취재 도중에 "독립한 지 1년 정도 됐는데 돈을 어떻게 벌지 고민입니다. 어떻게 하면 좋을까요?" 하고 상담합니다. 그러면 상대방도 진심을 보여주며 "이런 사업을 해보면 어때요?"라고 진지하게 대답합니다. 그 내용이 결과적으로 취재 주제와 이어지기도 합니다.

얼마 전, 건강식품 및 헬스클럽을 운영하는 기업 라이잡RIZAP의 세토 다케시瀬戸健 사장을 취재할 기회가 있었습니다. 마침 신종 코로나바이러스 영향으로 경제가 침체된 시기였죠. 저는 솔직하게 "경영, 힘들지 않으세요? 저도 요즘 기분이 너무 우울한데요, 어떻게 하면 좋을까요?"라고 물었습니다.

그러자 "세상살이는 언제나 울퉁불퉁해서 어딘가가 푹 꺼지면 어딘가는 볼록 올라옵니다. 그림자가 있는 곳에는 반드시 빛이 있으니, 그런 점을 긍정적으로 생각하면 좋겠죠"라는 답변을 듣게 되어 무척 감동받았습니다.

두 번째는 '시사 뉴스에 관해 묻기'입니다.

패션 쇼핑몰 조조타운을 운영하는 회사 ZOZO에서 광고 업무를 맡았던 다바타 신타로田端信太郎 씨를 취재했을 때, 마침 일본에서는 연예 기획사 요시모토흥업에서 벌어진 내부 권력 다툼이 화제였습니다. 인터뷰를 시작하면서 저는 "요시모토 사장의 기자회견, 어떻게 생각하세요?"라고 물었습니다. 그러자 그 이야기를 꺼내줘서 고맙다는 듯이 순식간에 대화의 열기가 달아올랐고, 결과적으로 '회사란 무엇인가?'라는 원래 주제로 이어졌습니다.

다바타 씨가 요시모토 회견을 보고 무슨 생각을 했는지는 취재를 떠나 단순히 제가 궁금해서 물어본 것이었습니다. 서먹한 분위기를 깨기 위해서라도 인생 상담이나 시사 문제를 던져보세요. 상대방도 진지하게 대답할 뿐 아니라 취재도 즐거워집니다.

미리 질문 목록을 꼼꼼하게 준비해서 위에서부터 순서대로 질문하는 성실한 사람도 있습니다. 그러나 "네, 그렇군요. 다음 질문입니다" 하고 공장 작업처럼 진행하면, 인터뷰 대상자도 재미없겠죠. 그렇게 나눈 대화는 흥미롭지 않을 거고요. 취재는 그 자리의 분위기가 중요합니다. 임기응변으로 진행하는 게 좋아요.

세 번째는 "저는 이렇게 생각하는데요"라고 묻는 것입니다.

어느 노포 기업의 경영자를 취재했을 때, 저는 이런 질문을 했습니다. "저는 회사로부터 독립해서 비교적 자유롭습니다. 만약 제가 역사 깊은 회사의 몇 대째 후손이라면 압박감이 도대체 어느 정도일지 상상해 봤어요. 노포 기업을 물려받으시면서 어떤 마음가짐이었나요?"

"저였다면 이렇게 생각합니다만……", "제가 선생님 입장이었다면……"을 끼워 넣는 것이 포인트입니다. 이렇게 질문하면 저 자신에게도, 질문받은 상대방에게도 '자기일'인 질문이 됩니다. 그러니 진심을 담아 적극적으로 대답해 주죠.

저는 '취재'라기보다 '궁금한 사람에게 이야기를 들으

러 간다'라고 생각합니다. 이 '듣고 싶은' 마음가짐이 무엇
보다 중요합니다.

무턱대고 '무엇을 쓸까?'를 생각하지 말고 '누구에게 무
엇을 듣고 싶은가?'를 생각하는 것부터 시작해 보면 어떨
까요?

"언제부터죠?"라는 마법의 질문

상대의 이야기를 듣는 요령을 하나 더 알려드리겠습
니다.

바로 그 사람의 '과거, 현재, 미래'를 묻는 것입니다.

할머니 이야기를 쓰고 싶다면 "할머니, 지금까지 어떤
인생을 살아오셨어요?" 하고 과거 이야기를 묻죠. 회사
사장에게 물을 때도 "어떤 여정을 거쳐오셨나요?"라고 물
으면 재미있는 에피소드를 들을 수 있습니다.

보통은 "지금 어떤 일을 하고 계시죠?", "그 일의 구체적
인 내용이 뭘까요?" 하고 현재에만 질문을 던지기 쉬운데,
과거에 관해 물어보면 이야기가 더욱 흥미로워집니다.

또 "앞으로는 어떻게 하고 싶으세요?", "앞으로 이루고 싶은 꿈은요?"라고 미래에 관해 물으면 뜻밖의 이야기를 들을 수 있어요.

또 "언제부터죠?"라는 질문도 대화에 깊이를 더해줍니다.

예를 들면 이렇습니다.

"저는 등산을 좋아합니다."
"언제부터 좋아하셨어요?"
"어려서부터 그랬어요. 아버지가 등산가였습니다."

"책을 많이 읽습니다."
"오오, 언제부터 그러셨어요?"
"초등학생 때였나…… 다들 피구를 하는데 저는 혼자 책을 읽었어요."
"아, 저도요!"

이처럼 "언제부터죠?"는 마법의 단어입니다.

자연스럽게 과거에 관해 물어볼 수 있습니다. 또 호기심이 생길 만한 에피소드나 그 사람을 더욱 알 수 있는 이야기가 나오기도 해요.

처음부터 '완벽'을
바라지 않는다

글감도 있고. 쓰고 싶은 내용도 있다. 그런데 이상하게 쓰지 못하겠다면?

이런 사람은 처음부터 '완벽'을 바랄 가능성이 있어요. 하지만 처음부터 이해하기 쉽고 재미있는 글을 쓸 수 있는 사람은 많지 않아요. 대부분 자기가 쓴 '무슨 소리인지 이해할 수 없는 문장 덩어리'를 시행착오를 거쳐 정돈하죠. 무라카미 하루키村上春樹 씨도 몇 번이나 고쳐 쓰면서 작품을 씁니다.

(중략) 원고 단계에서도 셀 수 없이 고쳐 쓰고, 출판사에 보내 교정 단계에 들어간 뒤에도 편집자가 지겨워할 정

도로 몇 번이나 교정지를 출력해서 보내달라고 합니다.

새까만 교정지를 보내고 새로 도착한 교정지를 또 새까

맣게 해서 보내기를 반복하죠.

— 무라카미 하루키, 『직업으로서의 소설가』 중에서

첫 단계에서는 단순하게 생각하세요.

우선 마음껏 써봅니다. 어설퍼도 괜찮으니 쓰고 싶은

내용을 원고 위에 우르르 늘어놓으면 됩니다.

이 책을 만들 때도 편집 담당자와 잡담을 나누며 '소재'

를 모았습니다. 일단 소재를 잔뜩 준비한 다음 불필요한 것

을 덜어냅니다. 그러다 보면 결국에는 '윤곽'이 보입니다.

저도 쓰다 보면 생각이 많아져서 종종 멈추게 됩니다.

'여기에 부족한 점은 없을까?', '이런 문장을 쓰면 아까 말

한 것과 모순되지 않나?' 최대한 '구멍 없는' 문장을 만들

고 싶어서 자꾸만 멈추게 되죠.

처음에는 구멍이 숭숭 뚫려도 좋아요. 모순이 있어도 괜

찮습니다. 나중에 고치면 되니까 일단 계속해서 쓰는 것

이 중요합니다. 또 '구멍'이 있는 문장이라고 해도 독자가

머리를 써서 보완합니다. 독자의 상상력을 믿으세요.

이미지를 말하자면, '옻칠'하듯이 쓰는 것입니다.

한 번에 와르르 써서 끝까지 가기. 그런 다음 처음으로 돌아와 와르르 고쳐쓰기. 수차례 옻칠하듯 처음부터 끝까지 몇 번이나 거듭해서 고쳐 쓰는 것입니다. 이렇게 하면 일단 전체가 보이니까 웬만해서는 의욕이 쉽게 사라지지 않습니다.

좀처럼 글을 진행하지 못하는 사람은 옻칠이 아니라 뜨개질을 하는 것처럼 앞에서부터 한 문장 한 문장을 엮어

· **뜨개를 하듯이 쓰면 안 된다** ·

좌절하는 쓰기	즐거워지는 쓰기

힘들어

'구멍 없는' 문장을 만드는 데
집착하다가 결국 완성하지 못한다.

'윤곽'이 있으니까
좌절하지 않는다.

가려고 하죠. 그러다 보니 진행도 느리고 언제 끝날지 모르는 작업으로 느껴져 도중에 좌절합니다.

쓰기 어려울 땐 말한다

"잘 쓰지 못하겠다면 말하는 것처럼 쓰면 돼"라고 조언하는 사람도 있습니다.

하지만 저는 말하는 것처럼 쓰려고 해도 못 쓰겠어요. 어렵습니다. 그런 조언을 하는 사람은 아마 원래 말도 잘하는 사람 아닐까요? 머릿속에서 논리적이고 이해하기 쉬운 문장이 '뿅' 떠오르니까 그걸 옮겨 적을 수 있는 것 아니냐고요.

예전에 한 정치가 중에 신문기자가 "400자로 한 말씀 부탁드립니다"라고 요청하자 전화기에 대고 거침없이 답변했는데 딱 400자였던 사람이 있다고 합니다. 그쯤 되면 특수 능력이죠. 말하는 것처럼 쓰면 된다고 해도 '그럴 수 있으면 고생도 안 하지……' 싶을 뿐입니다.

'말하는 것처럼 쓰기'는 어려워도 사람들은 대부분 '말하기'는 할 수 있어요.

제가 글을 쓰려고 할 때 종종 취하는 방법이 있습니다. 먼저 횡설수설해도 괜찮으니 음성을 녹음하고, 내용을 글로 옮겨 적어서 소재를 찾습니다. 하고 싶은 말, 떠오른 바를 무작정 녹음해 둡니다. 녹음기가 없으면 스마트폰 녹음 기능도 무방합니다.

이때 주의해야 할 점은 '문법에 맞게 말하고 있는가?'가 아닙니다. '하고 싶은 말을 하고 있나?', '이 생각에 핵심이 있나?', '중요한 콘텐츠가 안에 담겼는가?'입니다. '말하고 싶은 핵심'만 잘 담겨 있다면 음성 입력은 성공입니다.

그다음에는 녹음 파일을 들으며 옮겨 적습니다. 이 시점에서는 내용의 갈피를 잡을 수 없는 문장의 단편들이지만, 신경 쓰지 않고 작업합니다. 그러면 눈앞에 문자로 이루어진 덩어리가 나오죠. 이제 그 덩어리를 요리조리 가위질해서 문장으로 정돈하면 됩니다.

예를 들어 이런 식으로 음성 입력을 했다고 해볼게요.

아, 그때는 잘 몰랐다니까. 입사하고 3년쯤 지났을 때였어. 일이 진짜 재미있어지는 건 그 이후부터지. 3년쯤 지나면 뭐가 팔리고 안 팔릴지 손님 얼굴을 보면 알 수 있거든. 좋은 결과를 내니까 여유도 생긴달까.

이 혼잣말 중에 '말하고 싶은 핵심'을 뽑아보면 이렇습니다.

3년쯤 일하면 마음에 여유가 생긴다. 손님 얼굴을 살펴보며 접객하게 된다. '무엇이 팔리는지'를 알면 일도 재미있어진다.

이런 방식은 멀리 돌아가는 길인 것 같지만 사실은 정신적으로 아주 편안합니다.

새하얀 원고에 한 글자 한 글자를 쓰는 것은 너무도 고된 작업이죠. 그런데 음성으로 입력하고 그걸 문자로 옮겼다면 일단 소재는 확보한 셈이에요. 그걸 정돈하고 편집하는 편이 처음부터 쓰는 것보다 훨씬 편해요.

'구글 문서'나 '음성 문자 입력' 등 음성을 자동으로 문자 변환해 주는 도구도 있고, 정밀도도 매일 진화하고 있으니, 이런 도구를 활용해도 좋겠죠.

'글은 쓰는 건데, 음성 입력 기능에 기대다니 옳지 않아!'라고 생각하는 분도 있을지도 모르겠군요. 종이나 컴퓨터 앞에 앉아 차분하게 한 글자씩 단어를 쓰는 방법을 부정하는 건 아니에요. 저도 시간을 들여 한 문장씩 쓸 때도 많아요. 다만 그렇게 하기 어려운 경우에는 다른 방법을 시도해도 좋다고 생각합니다.

중요한 것은 목적 달성이에요. 글을 쓰는 목적이 '누군가에게 이 메시지를 전달한다'라면, 어떤 과정을 거쳐도 괜찮지 않을까요?

쓰는 방법에 절대적인 정답은 없습니다. 자신만의 '글쓰기 스타일'을 찾아보세요.

글감을 묵혀서
숙성한다

메모나 취재, 음성 입력으로 소재를 발견했다면 이번에는 조금 시간의 텀을 둡니다. 글감을 충분히 묵혀서 숙성하는 것이죠.

'숙성'이란 구체적으로 뭘까요?

하나는 '글감을 부풀리는 것'입니다.
예를 들어 이런 메모가 있습니다.

사람들은 혼나기 싫어한다.

이것만으로는 단발성 트윗으로 끝입니다. 게다가 별

로 반응도 없겠죠. 그러니 이 한 문장을 부풀립니다. 부풀릴 때 힌트가 되는 4가지 단어가 있습니다. '즉?', '예를 들어?', '그래서?', '애초에?'입니다.

'즉?'은 추상화하는 단어, '예를 들어?'는 구체화하는 단어, '그래서?'는 사고를 진전하는 단어, '애초에?'는 사고의 근원을 찾는 단어입니다. 이 4가지를 자신에게 물어봅니다. 다음은 예시입니다.

사람들은 혼나기 싫어한다.

'즉?' → 사람은 공포에 지배되기 쉽다.

'예를 들어?' → 일하다가 실수하면 상사에게 보고하지 않는다.

'그래서?' → 실수를 보고하게끔 하려면 '혼내지 않는다'를 보장해야 한다.

'애초에?' → 애초에 '혼낸다'는 행위가 생산적이지 않다.

이렇게 한 가지 소재에 다양한 각도로 질문을 던져서 글감을 풍부하게 만드는 것입니다.

종이에 출력해서 카페에 틀어박힌다

또 한 가지 '숙성'은 '글감을 정리하는 것'입니다. 소재가 잔뜩 있는데 글로 잘 꺼내지 못한다면 사고가 정리되지 않은 겁니다.

그래서 '쓰기' 전에는 '생각하는' 과정이 필요합니다. 그러나 많은 사람이 이걸 깜박하곤 해요. 생각하면서 쓰니까 손이 자꾸만 멈춥니다.

'생각하는 시간'과 '쓰는 시간'을 나누어야 합니다.

저는 쓸 만한 소재가 모이면 내용을 종이에 출력한 다음 카페에 약 한 시간쯤 틀어박힙니다. 그때는 각각의 소재를 진지하게 음미하고 싶어서 스마트폰이나 노트북은 집에 두고 가죠. 하나하나 바라보며 '내가 제일 말하고 싶은 게 뭐지?', '이 순서로 쓰면 전달될 것 같은데?' 하고 생각을 정리합니다.

스마트폰이나 컴퓨터를 들여다보며 생각하는 사람도 많은데, 디지털 기기를 쓰다 보면 무심코 SNS로 빠지게 되어서 정신이 분산됩니다. 그러니 종이에 출력해서 가지고 가는 것을 추천합니다. 생각이 잘 정리되면 디지털로 돌아와서 문장을 엮어나가면 됩니다. 한마디로 아날로그와 디지털을 자유자재로 오가는 것이 포인트예요.

쓰지 못하는 원인은
'자의식'이 90퍼센트?

소재도 모였어요. 생각도 정리했죠. 그래도 펜이 멈춘다면, 그다음으로 방해하는 것은 여러분의 '자의식'일지도 모릅니다.

'이런 걸 쓰면 남들이 뭐라고 생각할까……'

'악플만 잔뜩 달리면 어떡하지……'

자꾸만 이런 생각이 들어서 멈칫멈칫하게 됩니다.

대처 방법은 간단해요. '내가 쓰지 못하는 건 자의식이 방해하기 때문이야!'라고 인식하면 됩니다. 그리고 나서 '아, 됐으니까 그냥 쓸래' 하고 털어버리면 됩니다.

일단 써서 누군가에게 보여주면 그다음에 어떻게 하면

될지가 보입니다. '어라? 의외로 먹히네.', '으음, 이건 안 먹히겠다…….' 그런데 애초에 쓰지 않으면 그다음이 보이지 않아요. 쓸 것이 있는데 쓰기 전부터 끙끙 고민하면 시간 낭비입니다.

자기 자신에게 기대가 높으면 펜이 자꾸만 멈춥니다. 머릿속에 명문장이 반짝 떠올라 술술 쓸 수 있는 사람은 극히 일부인 천재예요. 보통은 자신의 형편없는 문장력을 보고 절망합니다.

하지만 절망하고 있을 때가 아닙니다. 이때부터가 중요하니까요. 머릿속에서 나온 점토를 정성껏 이기고 반죽해서 어떻게든 형태를 잡습니다. 그렇게 조금씩 문장으로 정돈하면 됩니다.

자기 문장에 실망하는 이유는 목표하는 바가 높기 때문이에요. 그러니까 오히려 좋죠. 원하는 이상향에 조금이라도 다가가려고 열심히 손을 뻗고 발돋움하게 되니까요. 그 시도 자체에 의미가 있다고 생각해 보세요.

꾸며내 봤자 결국 들킨다

'글을 못 쓰는 사람으로 보이기 싫어.'

'예쁘고 올바른 문장이 아니면 부끄러워.'

그렇게 생각하는 기분도 이해해요. 저도 매일 그런 마음과 싸웁니다.

그렇다고 억지로 멋진 문장을 꾸며봤자 사람들은 그런 속마음을 다 꿰뚫어 봅니다. 인간의 감각은 생각 이상으로 예리해요. 아무리 아름답게 꾸미고 반짝반짝 빛나는 문장을 써도 읽는 사람은 어느 정도 알아차립니다.

'이 사람, 글은 이래도 사실은 이렇게 생각하는구나.'

'표현을 이렇게 한다는 건, 누군가를 배려하는 건가?'

꾸며낸 걸 들킨다면 굳이 꾸며낼 필요가 없습니다.

Bad !

이걸 '걸작'이라고 부르지 않는다면 무어라 하겠는가. 실로 영화사에 남을 압도적인 작품이다.

이런 글은 쓸 필요가 없어요.

미쳤다! 최고! 엔딩 크레딧이 끝난 뒤에도 다리가 후들

거려서 일어나지 못했다니까!

이러는 편이 훨씬 더 매력적입니다.

감정이 전달되고 신체 움직임도 전달되는 '생생한 문장'이

역시 매력적이죠. 멋지게 꾸며내 봤자 들킨다면, 애초에

가식 없이 매력적인 문장을 보여주는 게 좋습니다.

실수해도 보는 사람은 아무도 없다

'모처럼 썼는데 아무도 봐주지 않으면 어쩌지.'

'좋아요가 하나도 안 달리면 어떡하지.'

이런 걸로 고민하는 사람도 있습니다. '좋아요'가 달리

지 않아도 실망할 것 없어요. 반응이 없어도, 혹은 글이 실

수투성이여도 이 세상에서는 '없었던 일'이 되기 때문이

죠. 실패는 사라지고 나에게는 '경험과 배움'이 남습니다.

따라서 이러나 저러나 이득이에요.

저도 아무도 읽어주지 않는 글을 수없이 썼습니다. 팔리지 않은 책도 많아요. 아이돌 그룹 AKB48 등을 기획한 히트메이커인 아키모토 야스시秋元康 씨도 완전히 망한 기획이 있을 테고 〈너의 이름은〉으로 유명한 영화 프로듀서 가와무라 겐키川村元気 씨도 별로였던 작품이 있을 겁니다 (아마도). 좋은 결과를 내지 못했으니까 알려지지 않았을 뿐이죠.

대부분의 사람은 성공 사례에만 주목합니다.
"저 사람은 〈너의 이름은〉으로 크게 히트친 사람이야" 라고 말하지 "저 사람은 ○○ 기획이 망한 사람이야"라고 말하지 않습니다.
그러니 실패를 두려워할 필요가 없습니다. 성공만 눈에 띄니까요. 실패를 많이 경험한 자가 이깁니다. 또 실패하면 다음에 성공할 확률이 높아져요.
물론 평범한 사람에게 '세계'란 반경 10미터 정도라서 '회사 사람이 날 이상하게 보는 건 싫어', '동네 사람들한

테 들키면 부끄러워'라고 생각하는 것도 이해합니다. 그래도 실수는 결국 흘러갑니다. 일일이 실패를 신경 쓰면 아무것도 자기 밖으로 꺼내지 못합니다.

초기 단계에서는 뭘 써도 원하는 만큼 반응이 없어서 실망할지도 모릅니다. 그래도 한 10편쯤 더 써보면 '어라? 이거 반응이 있었네……?' 하는 것이 나옵니다.

오히려 '사람들이 읽어주지 않는 글을 어떻게 쓸 것인가'가 중요합니다.

처음에는 무조건 잔뜩 내보내고 잔뜩 실패하세요. '좋아요가 얼마나 안 달리는 글을 썼는지 경쟁해 볼까?' 정도로 편하게 생각하면 어떨까요?

이렇게 하면 글감 때문에
고민할 일이 없다

01

자기 안에서 글감을 끌어내지 않는다. 남에게 들은 이야
기, 자기 눈으로 본 것을 '취재'해서 쓰고 싶은 것을 찾는
다.

02

처음부터 그냥 쓰는 것이 아니라 '음성 입력' 기능 등을
이용해서 생각의 핵심을 굳힌 후에 세부 내용을 고친다.

03

'사람들이 읽어줘야 하는데', '아무도 안 읽어주면 어쩌지'
같은 자의식을 버린다. 무조건 써라! 실수도 잔뜩 해라!

모든 것은
'기획'에서 시작한다

저는 지금까지 많은 책을 기획했습니다.

실현해 낸 기획도 있고 실현하지 못한 기획도 있고, 팔린 책도 있고 팔리지 않은 책도 많습니다. 그래도 항상 '어떤 기획이 가능할까?'를 생각하면서 살아왔습니다.

이 칼럼에서는 쓰기 이전에 '쓰기 위한 기획'이 떠오르지 않는 사람을 위해 기획하는 법을 설명하겠습니다.

1. '고민'이 곧 기획이 된다

여러분, 고민 하나쯤 있으시죠?

"어깨가 너무 결려", "직장의 인간관계가 원만하지 않아", "살 좀 빠졌으면"

만약 그런 고민이 있다면 그게 곧 기획이 됩니다.

- 어깨가 너무 결려 → 『어깨 결림을 단번에 낮게 해 주는 최강 스트레칭』
- 직장 내 인간관계가 원만하지 않아 → 『직장 분위기 가 좋아지는 스몰토크의 힘』
- 살 좀 빠졌으면 → 『즐겁게 생활하면서도 무리하지 않는 다이어트』

이런 식이죠.

만약 '기획이 없어!'가 고민이라면 『기획이 없는 사람을 위한 기획법』도 좋은 '기획'이 됩니다.

'고민'은 기획의 보물창고입니다. 즉 고민이 많은 사람은 최강의 기획자가 될 수 있어요. 자, 자신의 고민을 깊이 탐구해 보세요.

2. '누구와' 만나고 싶습니까?
'무엇을' 듣고 싶습니까?

여러분, 만나보고 싶은 사람이 있나요? 좋아하는 방송인이나 배우가 있나요? 아이돌도 좋습니다. 크리에이터나 만화가도 좋아요. 만나고 싶은 사람, 동경하는 사람이 있나요?

그런 사람을 만나러 간다……를 기획하기엔, 아쉽지만 우린 그저 팬이죠. 이것만으로는 기획이 되지 못해요. 그래도 그런 사람에게 '듣고 싶은 것'이 있다면 기획이 됩니다. '○○씨에게 ○○를 듣고 싶어'라고 생각하면 그게 곧 기획입니다.

참고로 저는 이렇습니다.

- 건축가인 구마 겐고隈研吾 씨의 인생철학을 듣고 싶다.
- 전 SMAP의 매니저인 이이지마 미치飯島三智 씨의 프로듀서 이론을 듣고 싶다.

이게 실현되면 『구마 겐고의 인생철학』이나 『SMAP을 키운 전설의 매니저의 프로듀서 이론』이라는 책을 만들 수 있죠.

3. '분노'를 기획으로 바꾼다

툭하면 짜증을 내는 사람. 울컥울컥하는 사람. '저 사람은 도대체 저게 뭐람?', '저런 행동은 용서 못 해!'라며 화를 잘 내는 사람도 좋은 기획자가 될 수 있습니다.

- '핼러윈이라고 들뜬 분위기가 싫어!'
- '페이스북에 이벤트 안내를 올렸을 때 굳이 안 오겠다고 댓글을 다는 사람, 진짜 열받아!'
- '세무서에서 보낸 확정신고 설명서, 도대체가 이해하기 힘들어!'

이렇게 '이게 뭐야?' 싶거나 순간적으로 짜증이 나면 그냥 지나치지 말고 잠깐 멈춰봅니다. '기획의 씨앗'을 눈앞에 두고 있으니까요.

모처럼 화를 냈잖아요. 그냥 두면 스트레스만 받고 끝입니다. '어떻게 해야 기획이 되지?' 하고 한 단계 나아가서 생각해 봅시다.

- 핼러윈이라고 들뜬 분위기가 싫어! →『내성적인 사람이 핼러윈을 120퍼센트 즐기는 방법』
- 페이스북에 이벤트 안내를 올렸을 때 굳이 안 온다고 쓰는 사람 열받아! →『SNS에 보이는 못난 사람 100』
- 세무서에서 보낸 확정신고 설명서, 도대체가 이해하기 힘들어! →『확정신고 설명서를 이해하기 쉽게 다시 썼다』

이런 기획으로 바꿀 수 있죠.

좋은 기획을 하고 싶다면, 역설적이지만 '기획을 해보자'라고 생각하지 않으면 됩니다. '기획, 기획, 기획……' 하고 고민하면 영혼 없는 '그냥 그럴싸한' 콘텐츠가 만들어지거든요.

① '고민'을 찾아본다.
....
② '누구에게 무엇을 듣고 싶은지' 생각한다.
....
③ '분노'를 찾는다.
....

　먼저 이 3가지 방법을 시도해 봅시다. 그러면 분명히 영혼 담긴 기획이 완성될 겁니다.

작가가 아니라
편집자,

'쓰기'가 아니라
'편집하기'의
마인드로.

2장

전달되지 않아서
어려워

'이해하기 쉬운 글'의

기본

'이해하기 쉬운 글'의
단 한 가지 조건

"네가 쓴 글은 이해하기 어려워."

"왠지 읽기 힘들어."

"무슨 말을 하고 싶은지 모르겠어."

"더 이해하기 쉽게 설명해 줄래?"

이런 말을 듣는 여러분을 위해 이번 장에서는 '이해하기 쉬운 글', '읽기 쉬운 글'을 만드는 법을 설명하겠습니다.

과연, '이해하기 쉬운 글'은 무엇일까요?

정의는 다양하겠지만, 제가 가장 적절하다고 생각하는 정의는 '읽는 속도와 이해되는 속도가 일치하는 글'입니다.

이해력이 따라오지 못하는 글은 몇 번이나 다시 읽어야 하죠. 한편 뻔히 아는 내용을 지루하게 적어놓으면 짜증이 나요. 읽으면 뇌에 스르륵 스며드는 글이 '이해하기 쉬운 글'입니다.

자, 다음 페이지의 문장을 예로 들어보겠습니다.
적절한 예시가 떠오르지 않아서 적당히 국회 답변서를 인용했습니다(굳이 이해하지 않아도 됩니다).

Bad !

노동정책 심의회의 각 분과회의 위원과 임시위원 및 전문위원은 노동정책 심의회령 제3조에 따라 노동자를 대표하는 자, 사용자를 대표하는 자 및 공익을 대표하는 자와 장애인을 대표하는 자 중에서 후생노동성 장관이 임명하는 것으로 되어 있다.

노동자 대표위원 및 사용자 대표위원에 대해서는 국가의 노사 각각의 대표적인 단체의 의견을 바탕으로 노동자 및 사용자의 이익을 대표하기에 적합한지 등 여러 요소를 장관이 종합적으로 고려하고, 공익 대표위원에 대해서는 공익을 대표하기에 적합한 경험, 식견을 지녔는지 등 여러 요소를 장관이 종합적으로 고려하고, 장애인 대표위원에 대해서는 국가의 대표적인 장애인 관계 단체의 의견을 바탕으로 장애인의 이익을 대표하기에 적합한지 등 여러 요소를 장관이 종합적으로 고려하여 각각 적격자를 임명한다.

〈출처〉 http://www.shugiin.go.jp/internet/itdb_shitsumon.nsf/html/
shitsumon/b196097.htm

이해하기 너무 어렵죠?

정치가나 관료끼리 주고받는 글이라면 이래도 괜찮을 겁니다. 공적인 문서이니 읽기 쉬운 것보다 정확성을 중시할 테니까요.

다만 이런 글은 대중이 읽고 곧바로 이해하지 못해요. '읽는 속도를 이해하는 속도가 쫓아가지 못하는' 글입니다.

이 글의 요지는 '노동정책 심의회의 위원은 후생노동성 장관이 정합니다'입니다. 거기에 '어떤 사람 중에서 무슨 기준으로 선택하는가'를 설명했죠.

저 나름대로 이해한 뒤 다음과 같은 글로 정리했습니다.

`Good !`

노동정책 심의회 위원은 후생노동성 장관이 임명합니다.

장관은

① '노동자'를 대표하는 사람

② '사용자(경영자 등)'를 대표하는 사람

③ '공익'을 대표하는 사람

④ '장애인'을 대표하는 사람

중에서 위원을 선택합니다.

이는 '노동정책 심의회령' 제3조에 적혀 있습니다.

①~④를 각각 선택하는 방법은 다음과 같습니다.

① 노동자를 대표하는 사람이 대표적인 노동자 단체의
   의견을 듣습니다. 그리고 '노동자의 이익을 대표하기
   에 적합한가' 등을 장관이 종합적으로 고려해 선택합
   니다.

② 사용자도 마찬가지입니다.

③ 공익을 대표하는 사람은 '공익을 대표하기에 적합한

경험, 학식, 의견을 지녔는가' 등을 장관이 종합적으로 고려해 선택합니다.

④ 장애인을 대표하는 사람은 먼저 대표적인 장애인 관계 단체의 의견을 듣습니다. 그리고 '장애인의 이익을 대표하기에 적합한가' 등을 장관이 종합적으로 고려해 선택합니다.

전문가가 아니어서 상세한 부분은 틀릴 수도 있습니다. 그래도 대충은 이런 내용이겠죠. 후자의 경우에는 어느 정도 '읽는 속도'와 '이해되는 속도'가 일치하지 않을까요?

글쓴이가 내용을 충분히 이해할 것이 제일 중요한 전제입니다.

가끔 글쓴이가 쓰는 내용을 제대로 파악하지 못할 때가 있어요. 그런 사람이 쓰는 글이 읽기 쉬울 리 없습니다. 글쓴이가 이해하지 못한 것을 읽는 이가 이해할 리 없습니다.

한 문장은
짧을수록 좋다

이해하기 쉬운 글을 만드는 방법을 하나씩 알아볼까요?

우선 '한 문장은 짧을수록 좋다'입니다.
조금 전의 예시로 말해볼까요?

Bad !

노동정책 심의회의 각 분과회의 위원과 임시위원 및 전
문위원은 노동정책 심의회령 제3조에 따라 노동자를 대
표하는 자, 사용자를 대표하는 자 및 공익을 대표하는
자와 장애인을 대표하는 자 중에서 후생노동성 장관이
임명하는 것으로 되어 있다.

너무 길죠. 한 문장이 너무 깁니다. 이를 몇 개의 문장으로 나눌 수 있습니다.

Good !

노동정책 심의회 위원은 후생노동성 장관이 임명합니다. 장관은 ① '노동자'를 대표하는 사람, ② '사용자(경영자 등)'를 대표하는 사람, ③ '공익'을 대표하는 사람, ④ '장애인'을 대표하는 사람 중에서 위원을 선택합니다. 이는 '노동정책 심의회령' 제3조에 적혀 있습니다.

자, 이렇게 세 문장으로 나눴습니다.

이번에는 다른 예시를 들어보죠. 이런 글이 있다면 어떨까요?

Bad !

국경의 긴 터널을 빠져나오자 눈의 고장이었는데, 밤의 밑바닥이 새하얘진 곳의 신호소에 기차가 멈춰 섰고, 맞은편 좌석의 처녀가 일어나서 오더니 시마무라 앞의 유리창을 열어젖히자, 눈의 차가운 기운이 흘러 들어왔다.

읽다가 이해력이 따라가지 못해 '무슨 말을 하는지 잘
모르겠는데?' 싶지 않나요?

Good!

국경의 긴 터널을 빠져나오자 눈의 고장이었다. 밤의 밑
바닥이 새하얘졌다. 신호소에 기차가 멈춰 섰다.
맞은편 좌석에 앉은 처녀가 일어나 다가오더니 시마무
라 앞의 유리창을 열어젖혔다. 눈의 차가운 기운이 흘러
들어왔다.

― 가와바타 야스나리川端康成, 『설국』에서

한 문장은 짧아야 이해하기 쉽고, 리듬감이 생겨 읽기
도 쉬워진다는 걸 알 수 있죠. '국경의 긴 터널을 빠져나
오자 눈의 고장이었는데……' 하고 길게 이어지면 시원시
원하지도 않고 읽다가 지칩니다.
　문장이 짧으면 멍청해 보일지도 모른다고 걱정하는 사
람이 있습니다. '똑똑해 보이고 싶어', '제대로 된 글을 쓰
고 싶어'라고 생각하면 할수록 문장이 점점 길어집니다.
그런데 실제로는 그 반대예요.

문장이 짧고 단순할수록 이해하기 쉽고, 오히려 똑똑해 보입니다.

하나씩 말하면 된다

노동정책 심의회의 각 분과회의 위원과 임시위원 및 전문위원은 노동정책 심의회령 제3조에 따라 노동자를 대표하는 자, 사용자를 대표하는 자 및 공익을 대표하는 자와 장애인을 대표하는 자 중에서 후생노동성 장관이 임명하는 것으로 되어 있다.

이 글은 한 문장에서 너무 많은 것을 말하려고 합니다. 한 번에 전부 전달하려고 하면, 읽는 이에게 정보가 우르르 쏟아져서 내용을 파악하기 힘들어요.

위의 글을 분석하면 다음과 같이 말할 수 있습니다.

- 위원은 장관이 임명한다.
- 그것은 노동정책 심의회령 제3조에 명시되어 있다.

- 위원은 노동자, 사용자 등의 대표자 중에서 선택한다.

하나의 문장으로 많은 것을 전달하려고 하지 않습니다. 기본적으로 한 문장에 한 가지를 전달하면 돼요. 하나씩 말하는 것입니다.

맞은편 사람에게 사과와 귤과 바나나를 한꺼번에 주려고 하면 어떻게 될까요? 곤란하겠죠. 몇 개는 떨어뜨릴 겁니다. 그러지 말고 하나씩 건네주는 겁니다. "여기, 사과", "자, 이번에는 귤" 하고 건네주면 상대도 떨어뜨리지 않고 처리할 수 있습니다.

Bad !

고양이는 동물이며 포유류이며 한편으로 개도 동물이며 포유류인데, 나는 고양이는 좋아하지만 똑같은 동물이라도 개는 좋아하지 않는다.

이게 아닙니다.

· 문장은 하나씩 성실하게 전달한다 ·

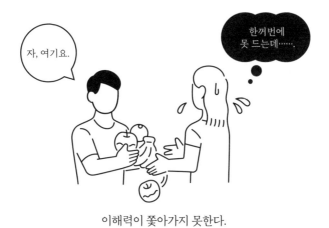

이해력이 쫓아가지 못한다.

이해하기 쉽다.

고양이는 동물입니다. 포유류이기도 합니다. 개도 동물
입니다. 포유류입니다. 나는 고양이를 좋아합니다. 고양
이도 개도 동물입니다. 그런데 개는 좋아하지 않습니다.

이렇게 쓰는 게 좋습니다.

'A는 B입니다'처럼 단순하게 잘라 말하는 게 중요해요.
한 번에 전부 전달하려고 하니까 이해하기 어려워지는 것입
니다.

'A는 B입니다', 'C도 B입니다'로 정보를 하나씩 처리합
니다. '여기까지는 알겠죠? 여기까지는 이해할 수 있죠?'
하고 읽는 사람에게 확인하는 듯이 쓰면 이해하기 어려
운 문장이 나오지 않습니다.

문장을 에스프레소처럼
쓰면 안 된다

이해하기 쉬운 글은 딱 적당한 '농도'라고 할 수 있어요.
자, 이런 글은 어떤가요?

Bad !

검색 기술의 진보, 기계학습 정밀도의 향상, 또 딥러닝
의 활용 등 컴퓨터가 우리 뇌를 대체하고 나아가 초월할
시대가 도래한다.

……음, 뭐라는 걸까요? '검색 기술의 진보'에서 '아, 됐
어요' 싶습니다.
커피의 농도에 비유하면 '에스프레소'를 마시라고 강요

하는 느낌입니다. 한 모금만 마셔도 '으악, 써!' 하고 인상을 찌푸리게 되니까요. 정보가 한꺼번에 쏟아지니까 너무 진해서 씁니다.

어떻게 하면 이 글을 적절한 농도로 만들 수 있을까요?

우선 내용을 잘 이해하고 곱씹은 표현으로 바꾸는 것입니다. 어려운 문장은 이미지로 상상하기 어려운 '한자어'가 잔뜩 나오는 것이 특징입니다. 예문에도 '진보', '향상', '대체' 등의 한자어가 나오죠. 이러한 한자어를 줄이기만 해도 보기 편하고 내용도 이해하기 쉽습니다.

- 진보 → 나아지다
- 상향 → 높아지다
- 대체 → 대신하다
- 초월 → 뛰어넘다
- 도래 → 찾아오다

지금까지 설명한 포인트까지 더해서 예시를 개선하면 이렇게 쓸 수 있습니다.

`Good !`

검색 기술이 점점 나아지고 있습니다. AI, 인공지능의 정밀도도 높아집니다. 딥러닝, 다시 말해 컴퓨터 자신이 더욱 깊이 파고들어 배우려고 하죠.

컴퓨터가 우리 뇌를 대신할 수 있게 되었습니다. 심지어 '뇌를 뛰어넘는' 시대가 왔습니다.

이해하기 어려운 글은 독자의 시간을 빼앗는 것과 같습니다. 쓴 에스프레소를 내밀면 독자는 마시기 어려워합니다. 일일이 우유를 넣어서 부드럽게 만들어야 하죠.

이해하기 쉬운 글을 쓰는 것은 독자에게 시간을 선물하는 것과 같은 가치가 있습니다.

'과부족' 없는 글을 유념하자

잘 전달되는 글은 모자라지도 넘치지도 않는 글이라고 할 수 있어요.

이렇게 과부족 없는 글을 쓰려면 '최대한 단순하게 말할 수 있는가?'를 고민해 봅니다. 갑자기 어려운 것을 시도하는 게 아니라 기본부터 다지는 것이 제일 중요합니다.

요리를 잘하는 사람일수록 처음에는 레시피를 따라 만듭니다. 분량을 제대로 재서 만들면 맛있죠. 요리를 잘 못하는 사람일수록 레시피를 보지 않고 느닷없이 '응용'하려고 합니다. 간단한 카레도 못 만들면서 '카레에 커피 가루를 넣으면 맛있다고 들었는데 넣어봐야지' 같은 궁리만 합니다.

글을 쓸 때도 똑같아요.

'아름다운 글을 쓰고 싶어', '유식해 보이는 글을 쓰고 싶어'라는 생각이 앞서는 바람에 내용조차 제대로 전달이 안 되는데 무작정 응용하려고 하죠.

응용해도 되는 건 기본을 완벽하게 갖춘 요리사뿐입니다. 기본적인 고기 조림을 만들 수 있으니까 '이번에는 카레를 넣은 고기 조림을 만들어볼까?' 하고 응용하거나 '이번에는 꿀을 조금 넣어볼까?' 하고 잔재주를 부릴 수 있습니다.

우리는 프로 작가가 아니라는 사실을 명심하세요. 우선 단순한 글을 목표로 삼습니다.

삭제할 수 있다면
최대한 삭제한다

불필요한 것은 과감히 삭제합니다.

불필요한 지방을 빼서 최대한 단순하게 만들면 과부족 없는 '근육질' 문장이 완성됩니다. 어떻게 삭제하면 될지 하나하나 살펴보죠.

① '설명 안 해도 되는 것'을 삭제한다

설명하지 않아도 되는 것은 과감히 삭제합니다.

Bad !

아침에 일어났더니 하늘이 굉장히 맑아 나는 기분이 아

주 좋아서 우리 집에서 키우는 개와 함께 집 동네 근처 공원에 산책하러 갔다.

이 문장은,

Good !

아침에 맑아서 기분이 좋았다. 반려견과 근처 공원을 산
책했다.

이렇게까지 덜어낼 수 있어요.

우선 아침에는 대부분 잠에서 깨니까 '아침에 일어났더
니'가 아니라 '아침에'만 넣어도 충분합니다. '하늘이 얼마
나 맑던지'도 맑은 건 당연히 하늘이니까 '하늘이'를 뺍니
다. '이거 필요한가?' 하고 망설여지면 일단 삭제해 보세
요. 삭제 후에도 의미를 알 수 있다면 그대로 둡니다.

'정말로'나 '굉장히'나 '무지무지' 같은 강조하는 단어를 흔
히 사용하죠. 적절할 때 사용하면 효과적인데 너무 많이 사
용하면 역효과입니다.

'우리 집에서 키우는 개와 함께'는 '반려견과'라는 네
글자로 표현할 수 있습니다. '집 동네 근처'도 '근처'로 충

아침에 일어났더니
아침에는 대부분 일어나니까 삭제

하늘어 굉장히 맑아서
맑은 건 '하늘'이니까 삭제

기분이 아주 좋아서
의미 없는 '굉장히'나 '아주'는 삭제

나는 우리 집에서 키우는 개와 함께
'반려견'으로 축약   '함께'를 삭제

집 동네 근처 공원에
'근처'로 축약

산책하러 갔다.
'갔다'를 삭제

최대한 짧게 만들 수 있을지
생각해 보자!

아침에 맑아서 기분이 좋았다.
반려견과 근처 공원을 산책했다.

분합니다. 어려운 한자어를 피하고 최대한 간단하게, 간결함을 목표로 삼아봅시다.

② '나는'이나 '생각합니다'를 삭제한다

'나는 ~라고 생각합니다'라는 문장을 자주 보게 됩니다. '나는'은 굳이 언급하지 않아도 대부분 누군지 알죠. 책 원고를 보다 보면 '생각합니다'를 유난히 많이 쓰는 저자도 있어요. 애초에 '생각하니까' 글을 쓰죠. 따라서 굳이 '생각합니다'를 쓰지 않아도 됩니다. 단호하게 말하지 않아서 부드러운 인상을 주는 효과는 있겠습니다만, 과감하게 '생각합니다'를 없애면 문장에 각오가 드러납니다.

③ '~입니다만', '~이므로'는 위험

'~입니다만'이라는 표현에 주의해야 합니다.

글이 툭하면 길어지는 사람의 문장에는 보통 '~입니다만'이라는 알 수 없는 '만'이 들어갑니다. 문장을 연결하기 위해 '만'을 사용하면, 글이 하여간 복잡해져요.

Bad !

오늘 점심은 에비스의 양식집에 갔습니다만, 거기에서 먹은 오므라이스가 최고였습니다.

이런 문장도,

Good !

오늘은 에비스 양식집에서 점심을 먹었습니다. 오므라이스가 최고였어요.

이렇게 간단하게 만들 수 있어요. 나눌 수 있다면 마음껏 나눕시다.

비슷한 예시로 '이므로'가 있습니다.

'만'과 마찬가지로, 문장을 길게 늘리는 사람일수록 '이므로'를 자주 씁니다. 멋진 문장을 써야만 한다는 의식이 강하면 무심코 '~이므로'를 쓰게 됩니다. '이므로'라고 썼으니까 '이 뒤에 뭔가 말해야 하는데?'라는 강박관념에 사로잡혀 쓸데없는 정보를 넣게 되죠.

내 꿈은 출판사를 차리는 것이므로(아, '이므로'를 넣었
네…… 뭔가 써야겠다……) 돈을 모으는 중입니다.

지금 하고 싶은 말이 '돈을 모으는 중이다'가 아니라면
군이 '이므로'를 쓸 필요가 없어요.

④ 불필요한 '~라고 하는'을 삭제한다

이것도 문장력 강의 등에서 자주 듣는 설명인데, 불필
요한 '~라고 하는'을 삭제합니다.

내 꿈은 출판사를 차리는 것이라고 하겠습니다.

내 꿈은 출판사를 차리는 것입니다.

'출판사를 차린다'를 강조하고 싶다면 위의 문장처럼
써도 괜찮을 때도 있습니다. 그래도 '~라고 하는'을 일단

삭제해 보고 위화감이 없으면 그대로 두는 게 좋아요.

⑤ 전제를 삭제한다

전제가 장황한 사람도 있어요. 인터넷에서 흔히 보는 것이 이런 문장입니다.

Bad !

'일하는 방식의 개혁'을 소리 높여 주장한 지도 오래되었다.

많은 노동자가 얼마나 효율적으로 일할 것인지의 문제에 직면했다.

최근에는 채팅이나 화상 회의 등을 활용해 원격 근무로 일하는 사람도 많을 것이다.

이번에는 10년 전부터 원격 근무를 활용한 필자가 '원격 근무를 원활하게 진행하는 요령'을 알려주고 싶다고 생각한다.

불필요한 전제가 많습니다. 잡지 서론 같은 글인데, 요즘 세상에 이런 걸 꼼꼼히 읽는 사람은 드물어요. 곧바로 본론에 들어가는 것이 좋습니다.

군이 말하지 않아도 되는 부분은 전부 줄여보세요.

'일하는 방식의 개혁'을 소리 높여 주장한 지도 오래되었다.
많은 노동자가 얼마나 효율적으로 일할 것인지의 문제
에 직면했다.
최근에는 채팅이나 화상 회의 등을 활용해 원격 근무로
일하는 사람도 많을 것이다.
이번에는 10년 전부터 원격 근무를 활용한 필자가 '원격
근무를 원활하게 진행하는 요령'을 알려주고 싶다고 생
각한다.

불필요한 부분을 전부 생략하고,

`Good !`

이번에는 '원격 근무를 원활하게 진행하는 요령'을 알려
드릴게요!

이렇게 쓰면 됩니다.

쓰는 게 힘들어

짧은 문장으로 전달할 수 있다면 최고다

'문장은 길게 써야만 한다', '긴 문장을 쓰는 사람이 훌륭하다' 이런 생각은 선입견입니다.

책을 처음 쓰는 사람은 종종 "140자만 쓰면 되는 트위터는 쓰겠는데 10만 자 가까이 되는 글은 못 쓰겠어. 쓸 게 없어"라고 말합니다. 그렇다면 쓰지 않아도 됩니다. 짧은 문장으로 얼마든지 전달할 수 있다면 트위터로 충분하니까요.

'생각이나 마음을 전달하는 것'이 가장 중요합니다. 이를 위한 수단으로 트위터와 같은 SNS와 책이 있어요. 만약 트위터만으로도 생각과 마음을 전달할 수 있다면 책을 쓸 필요가 없죠.

긴 문장을 쓰는 것이 훨씬 힘들고 가치 있다고 생각하는 건 착각입니다. 장황하게 긴 문장을 쓸 뿐이라면, 손가락을 계속 움직이기만 하면 돼요. 그러나 하고 싶은 말이 '전달되는가'가 중요합니다. 만약 140자로 충분히 전달된다면 쓰는 쪽과 읽는 쪽 모두에게 최고로 좋은 일이죠.

저는 '짧게 쓸 수 있다면 짧은 편이 낫다'고 주장합니다.

읽는 사람을 고려하면, 짧은 문장으로 뭔가를 전달하는 게 최고죠. 긴 문장은 사실 '독자 우선주의'가 아닙니다.

한편 긴 문장은 '관계의 힘'을 높여주는 효과가 있습니다. 읽는 사람이 몇 시간이나 들여 글을 읽다 보면 저자의 세계관에 흠뻑 빠질 수 있어요. 영화로 비유해 볼까요? 영화 〈센과 치히로의 행방불명〉이 1분짜리 동영상이라면 어떨까요? 그 세계에 몰입할 수 없죠. 2시간쯤 봐야만 몰입할 수 있고, 다른 세계에 간 느낌을 맛볼 수 있습니다.

긴 문장이 훌륭하다는 것은 아닙니다. 문장의 길이는 목적에 따라 나누면 된다는 뜻이에요. 소설은 길수록 몰입감이 더해지고, 노하우가 담긴 정보성 책은 짧고 경쾌하게 읽혀야 독자가 즐거워합니다.

'글 디자인'을
생각한다

읽기 쉬운 글은 딱 본 순간 '오, 읽기 쉽겠는데!'라는 생각이 들어요.

예를 들어 아래의 2가지 문장이 있습니다.

〈 A 〉

그녀의 이름을 잊어버렸다. 스크랩한 사망 기사를 한 번 더 꺼내 기억해 낼 수 있지만, 이제 와서 이름은 아무래도 좋다. 나는 그녀의 이름을 잊어버렸다. 그저 그것뿐이다. 예전 동료와 만나 어쩌다가 그녀 이야기가 나올 때가 있다. 그들 역시 그녀의 이름을 기억하지 못한다. 그, 예전에 아무하고나 자는 여자가 있었잖아, 이름이 뭐더라, 까맣게 잊었네, 나도 몇 번인가 잤는데 지금 어떻게 지낼까, 길에서 우연히 만나도 좀 미묘하잖아. 예전, 어느 곳에 아무하고나 자는 여자가 있었다. 그게 그녀의 이름이다.

⟨B⟩

그녀의 이름을 잊어버렸다.

스크랩한 사망 기사를 한 번 더 꺼내 기억해 낼 수 있지만, 이제 와서 이름은 아무래도 좋다. 나는 그녀의 이름을 잊어버렸다. 그저 그것뿐이다.

예전 동료와 어쩌다가 그녀 이야기가 나올 때가 있다. 그들 역시 그녀의 이름을 기억하지 못한다. 그, 예전에 아무하고나 자는 여자가 있었잖아, 이름이 뭐더라, 까맣게 잊었네, 나도 몇 번인가 잤는데 지금 어떻게 지낼까, 길에서 우연히 만나도 좀 미묘하잖아.

예전, 어느 곳에 아무하고나 자는 여자가 있었다.

그게 그녀의 이름이다.

— 무라카미 하루키, 『양을 둘러싼 모험』에서

〈A〉와 〈B〉는 같은 문장으로 이루어져 있습니다. 그래도 〈B〉가 더 읽기 쉽죠.

딱 봤을 때, 〈A〉는 문장 덩어리가 떡 하니 있으니까요. 반면 〈B〉는 '그녀의 이름을 잊어버렸다' 다음에 행갈이를 해서 첫 줄이 눈에 잘 들어옵니다.

당연한 소리라고 생각할 수 있는데, 의외로 이런 부분을 신경 쓸 줄 아는 사람이 적습니다.

'글의 내용'보다 '디자인'의 문제입니다.

지금은 정보가 넘쳐서 '읽을 것인가 읽지 않을 것인가'를 순식간에 판단하는 시대입니다. 그러므로 딱 보고 '읽기 쉬워 보이네'라고 생각하게끔 유도하는 것이 점점 더 중요해집니다.

프로 작가나 칼럼니스트의 문장을 보면 '디자인'이 훌륭합니다. 가장 대표적인 포인트는 뭘까요?

4~5줄쯤 되면 행갈이하는 것입니다.

읽기 쉬운 디자인의 요점은 '행갈이', 즉 줄을 바꾸는 것입니다.

행갈이를 부끄럽게 받아들이는 사람도 있을 수 있겠어요. 줄을 자주 바꾸면 텅 비어 보여서 바보 같다고요. 물론 행갈이가 없어도 읽기 쉬운 글도 있습니다. 오히려 행갈이를 하지 않아서 몰입하게 될 때도 있죠. 다만 그럴 수 있는 건 애초에 글을 잘 쓰는 사람뿐입니다.

　우선은 행갈이를 충분히 해서 '사람들이 읽어주는 것'을 목표로 삼습니다. 4~5줄쯤에서 행갈이를 하겠다고 기준을 잡아보세요. 그렇게만 해도 한눈에 읽기 편해 보인다고 느낍니다.

'논리적'이란
즉 '알겠다'는 것

논리적으로 글을 쓰라는 말을 자주 듣습니다.

'논리적'이란 건 뭘까요?

문법이 정확하다는 뜻일까요? '그리고'나 '그러나' 같은 접속사를 쓰면 논리적으로 보일까요?

전문가에게 물으면 다양한 대답이 돌아올 겁니다. 저는 단순하게 '논리적이란, 곧 알겠다는 것'이라고 정의합니다.

글을 읽고 많은 사람이 '아하, 알겠다!'라고 생각하면 '논리적'인 거고, 아무리 접속사를 잔뜩 써도 사람들이 '음, 모르겠는데'라는 반응이면 논리적이지 않은 거예요. 글의 처음부터 끝까지 '흠흠, 알겠어, 알겠어' 하는 반응이 이어지면서 마지막 문장에 도착한다면 논리적인 글입니다.

아무튼 '이해되는' 글을 쓰면 됩니다. 처음부터 끝까지 깔끔하게 연결되면 되죠.

잘 연결되는지 확인하려면 시간을 두고 자기가 쓴 글을 반복해서 읽어보면 됩니다. 밤에 쓴 글을 다음 날 아침에 다시 읽으면 '여기서 비약이 심하네', '왜 여기서 다른 이야기로 빠졌지?' 하고 걸리는 부분이 보입니다. 그걸 하나하나 고쳐나가면 논리적인 문장에 가까워집니다.

제일 좋은 방법은 다른 사람에게 읽어달라고 부탁하는 거예요. 그 글을 처음 읽는, 이해관계가 없는 사람에게 읽어달라고 부탁합니다. 가족이나 친구에게 읽어달라고 하면 "으음, 여기 연결 관계를 잘 모르겠어", "이 문장이 좀 이해가 안 돼" 하고 지적해 줄 겁니다.

저도 원고를 세상에 내보내기 전에 지인에게 부탁합니다. "결론이 좀 갑작스럽네? 이런 문장이 하나쯤 들어가면 어떨까?"라는 조언을 들으면 바로 추가해서 최대한 '논리적'인 글에 가까워지려고 노력합니다.

대화는 반드시 '논리적'이다

1장에서 음성 입력 기능을 활용하는 방법을 소개했는데, '누군가와 나눈 대화'는 반드시 논리적입니다.

예를 들어보죠.

"얼마 전에 난리였죠?"

"네? 무슨 일이 있었나요?"

"왜, 전철이 지연되어서……."

"아! 맞아요. 아, 정말 그랬죠."

"열차 고장으로 그렇게까지 늦은 적 없었는데 말이에요."

"한 역에서 움직이지 못했다니까요."

"그래서 어떻게 하셨어요?"

"근처 스타벅스에서 일했어요. 택시 타고 가려는 생각도 하긴 했는데요."

"에이, 그만두는 게 좋아요. 회사까지 택시비 많이 나오잖아요."

대화는 서로 이해하기에 성립합니다. 만약 어느 쪽이 이해하지 못했다면 "네? 무슨 일이 있었나요?" 하고 되묻죠. 그럼 상대방도 그 질문을 받아들이고, 알아듣기 쉽게 말을 이어갑니다.

참고로 이 대화 내용을 일인칭으로 정리해도 '논리적'인 문장이 됩니다.

> 얼마 전에 전철이 지연되어서 난리였다. 열차 고장으로 멈췄다. 그렇게 늦는 건 어지간해선 없는 일이다.
> 나는 한 역에서 움직이지 못해서 근처 스타벅스에서 일했다. 회사까지 택시를 타고 가려는 생각도 했는데 그만뒀다. 택시비가 많이 들기 때문이다.

이렇게 대화를 글로 옮기는 것은 논리적인 글을 만드는 가장 간단한 방법입니다.

책을 만들기 위해 취재할 때도 인터뷰하다가 '이 부분을 잘 모르겠는데'라는 생각이 들면 "조금 더 자세히 설명해 주세요", "구체적으로 이런 걸까요?" 하고 묻습니다. 그러면 논리가 잘 연결되죠.

계속 혼자 쓰다 보면 아무도 이해하지 못하는 글만 쓰

게 될 가능성도 있습니다. 아무리 조심해도 논리가 비약하기도 하죠. 반대로 이미 다 아는 이야기를 장황하게 쓸 위험성도 있습니다.

취재 도중이라면, 잘 아는 이야기가 나왔을 때 일찌감치 끊을 수 있습니다. 예를 들어, 상대방이 "이타 정신이 중요한데……"라고 말을 꺼냈을 때, '아, 그 이야기는 전에 들었는데'라는 생각이 들면 "아, 그렇죠. 자주 말씀하시지요. 그리고 참고로 말인데요" 하고 다음 화제로 넘어갈 수 있습니다.

그러나 취재가 아니라 혼자 쓴다면 '이타 정신에 관한 이야기는 중요하니까 꼼꼼히 쓰는 게 좋겠지'라고 판단해서 독자가 다 아는 이야기를 대략 5쪽에 걸쳐 장황하게 쓰겠죠. 공감 능력이 어지간히 뛰어나지 않은 한 혼자 글을 쓰는 건 어렵습니다.

독자의 '전제 지식'을
고려한다

글을 전달하고 싶은 상대방에게 어느 정도 지식이 있는
가? 무엇을 알고 무엇을 모르는가?

이런 점을 미리 상상하고 글을 쓰는 것도 중요합니다.

"꽃에서 태어났다면?"이라고 물으면 다들 "엄지공주 이
야기구나!" 하고 알죠.

그런데 "배에서 태어났다면?"이라고 물으면 다들 어리
둥절하죠. "엥, 뭐지. 배 공주인가요?" 하고 엉뚱한 소리를
할 거예요.

'꽃에서 태어났다'는 정보만으로 대부분이 무슨 이야기
인지 알아차릴 수 있는 건 구전동화인 '엄지공주' 이야기

를 우리나라 사람이라면 모두 알기 때문이죠. 전제 지식이 있으므로 하나만 말해도 단번에 압니다.

논리적이란 문법이나 논리학뿐 아니라 '상대가 어느 정도 전제 지식이 있는가'에 따라 달라집니다.

논리성이나 이해성을 추구하려면, 읽는 이의 전제 지식을 잘 고려해야 합니다. 'A는 B입니다', 'B는 C입니다'의 알기 쉬운 문장 형식이라도 '클라이언트가 원하는 솔루션은 UX 개선입니다'처럼 자신의 주변이나 업계에서 쓰는 용어를 사용하면 이해하기 어렵습니다.

중고등학생도 알 수 있게 쓰자

세상에는 다양한 사람이 있습니다. 저마다 지닌 전제 지식도 다르죠. 만약 SNS 등을 통해 많은 사람에게 자기 글을 전달하고 싶다면, 대다수의 전제 지식에 맞춰서 글을 써야 합니다.

예전에 경영자에 대한 글을 썼을 때, '내 주변 사장님들 너무 대단해서 토할 것 같아'라는 제목을 붙인 적이 있습니다. 이 제목이라면 딱히 전제 지식이 없어도 독자들이 흥미를 느낄 거라고 판단했기 때문이죠. 결과적으로도 높은 조회 수를 기록했습니다.

만약 '동영상 3.0 시대를 견인하는 벤처 경영자의 도전'이라는 제목이었다면 어땠을까요?

물론 영상에 흥미가 있는 사람은 읽을 겁니다. 벤처 경영자에 흥미가 있는 사람도 읽을 수 있겠습니다. 그러나 그렇지 않은 사람에게는 '무슨 소리인지 모르는 것'일 수밖에 없습니다. 영상이나 벤처에 전제 지식이 없는 사람에게는 무시당할 겁니다.

'이해하기 쉽다는 것'은 콘텐츠 자체가 이해하기 쉬운 것은 물론이고, 읽는 이의 전제 지식도 요구된다는 의미입니다. 특히 SNS에는 특정 '업계'라는 틀을 넘어 백그라운드가 전혀 다른 사람이 모이죠. 그들에게 전달하고 싶다면, 그들이 지닌 전제 지식으로도 이해할 수 있게 공감가는 문장을 써야 합니다.

"중학생, 고등학생이라도 이해할 수 있게 글을 써라"라는 말을 자주 듣습니다. 중학생이나 고등학생은 어느 '업계'에도 속하지 않으므로 전제 지식이 비교적 공통적이기 때문입니다.

반대로 중학생도 아는 부분은 생략해도 좋습니다. '여름은 덥다', '카레는 매콤하다' 같은 내용은 일일이 설명할 필요가 없어요. 그런데 생각보다 이런 뻔한 글을 많이들 씁니다. 불특정 다수에게 글을 전달하고 싶다면, 중고생도 이해할 수 있게 쓰면 됩니다.

'결론'을
먼저 말한다

캘리포니아의 가로지르는 듯한 푸른 하늘이 끝없이 펼
쳐졌다.

내가 국도 2호선을 달릴 때, 조수석에 앉은 딸 메이가 갑
자기 이런 말을 했다. "있지, 엄마. 마음은 어디에 있어?

정말 갑작스러운 질문이었다. 그게 내가 이 책을 쓰게
된 계기다.

외국 번역서를 읽을 때면 이런 서두를 자주 봅니다.

음…… 나쁘지는 않은데, 빨리 내용을 알고 싶은 사람
은 '어? 왜 갑자기 캘리포니아? 메이? 누구야?' 어리둥절
하게 되죠. 책을 쓰려고 결심한 계기에만 10쪽 가까이 소

모합니다.

외국 서적은 왜 이렇게 장황할까요? 이건 제 가설인데, 아마 '독서가'가 읽을 것을 전제하기 때문이 아닐까요. 비싼 책을 사줄 사람이 타깃이니까 '읽는 것을 전제'로 씁니다. 그러니 서두부터 차근차근 다져서 책 속 세계로 빠져들게끔 합니다.

만약 여러분이 유명한 작가라면 사람들이 무조건 여러분의 책을 읽겠죠. 그러나 유명 작가가 아니라면 이런 식의 서두는 위험합니다.

다른 것보다도 '결론'을 먼저 말하는 게 좋습니다.

그렇게 하면 글을 '이해하기 쉽기 때문'이기도 하고, 무엇보다 다들 시간이 없거든요. 풀코스로 예를 들면, 사람들은 애피타이저부터 차근차근 먹고 있을 여유가 없어요. 애피타이저로 나온 음식이 영 별로면 금방 이탈합니다. 애피타이저 다음에 최고로 맛있는 오리구이가 나와도 마찬가지예요.

글을 '튼튼한 집'으로 만든다

먼저 '결론'을 말합니다. 그다음에 결론을 보강하는 '이유', '예시', '상세 내용'을 말합니다.

예를 들면 이런 구조입니다.

결론

메모는 중요합니다.

이유

왜냐하면 창조적인 일에 시간을 투자하기 위해서입니다. '좀 더 본질적인 것'에 시간을 투자하기 위해서 메모는 중요합니다.

예시

예를 들어 '회의에서 어떤 이야기가 나왔는가', '회의에 몇 명이 앉아 있었나' 같은 정보는 단순한 '사실'입니다. 거기에서부터 어떤 액션을 할지 생각하는 것이 '창조성'입니다. '과거의 사실을 떠올리는' 불필요한 일에 시간을 낭비하지 않기 위해서 메모하는 것입니다.

처음에 먼저 결론으로 시작합니다. 그 후에 '왜 그러는지' 이유를 말하죠. 그래도 독자가 이해하기 어렵겠다 싶으면 예시를 들어 보강합니다.

'이유'와 '예시'는 둘 다 있으면 논리가 더욱 강해지는데, 이해하기 쉬운 내용이라면 둘 중 하나만 있어도 괜찮습니다. 결론을 보강하려면 이유와 예시를 쓰는 것이 기본입니다.

결론

작업에 집중하고 싶을 때는 스마트폰을 가까이 두면 안 됩니다.

예시

'자, 어디 작업을 시작해 볼까?' 싶을 때 '카톡! 카톡!' 카카오톡 알림이 울리고, '조금 조사할 게 있어서' 스마트폰을 봤는데 무심코 트위터를 보기 시작하죠. 이런 적 있지 않나요?

이유

스마트폰은 그야말로 매혹적입니다. 새로운 정보가 끝

없이 들어오니까요.

작업에 집중하려면 새로 들어오는 정보를 차단하고 눈

앞의 일에 집중해야 합니다.

결론과 그 외의 요소는 우측의 그림처럼 집과 같은 구
조로 설명할 수 있습니다. 결론이라는 집이 있으면 그 밑
을 이유나 예시, 상세(내용)이 받쳐주죠.
이유와 예시가 여럿 있으면 기둥이 늘어서 '든든한' 글이
만들어집니다.

· '결론'과 그 외의 요소 ·

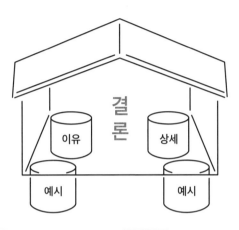

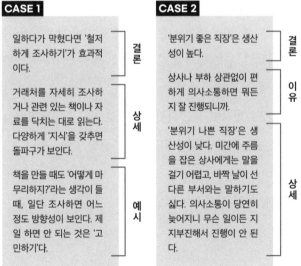

CASE 1

일하다가 막혔다면 '철저하게 조사하기'가 효과적이다. — 결론

거래처를 자세히 조사하거나 관련 있는 책이나 자료를 닥치는 대로 읽는다. 다양하게 '지식'을 갖추면 돌파구가 보인다. — 상세

책을 만들 때도 '어떻게 마무리하지?'라는 생각이 들 때, 일단 조사하면 어느 정도 방향성이 보인다. 제일 하면 안 되는 것은 '고민하기'다. — 예시

CASE 2

'분위기 좋은 직장'은 생산성이 높다. — 결론

상사나 부하 상관없이 편하게 의사소통하면 뭐든지 잘 진행되니까. — 이유

'분위기 나쁜 직장'은 생산성이 낮다. 미간에 주름을 잡은 상사에게는 말을 걸기 어렵고, 바짝 날이 선 다른 부서와는 말하기도 싫다. 의사소통이 당연히 늦어지니 무슨 일이든 지지부진해서 진행이 안 된다. — 상세

'중심'이
잡힌 글인가

글 하나에 하고 싶은 말은 하나, 이것이 원칙입니다.

결론, 즉 '가장 하고 싶은 말'이 수도 없이 많은 글을 가끔 봅니다. 잔뜩 말하고 싶은 마음은 이해합니다만, 그러면 글이 산만한 인상을 줍니다.

이것도 말하고 싶고 저것도 말하고 싶어서 잔뜩 욱여넣으면, 읽는 쪽은 이해하지도 못하고 금방 잊어버립니다.

예를 들어 이런 글이 있습니다.

Bad !

나는 스포츠로 몸을 움직이는 것도 좋아하고, 집에서 게임을 하는 것도 좋아합니다. 인도어파인지 아웃도어파인지 물으면 어느 하나라고 대답하기 어려워요. 취미가 다양하기 때문입니다. 최근에는 넷플릭스 영화 감상에 푹 빠졌어요. 또 어려서부터 꾸준한 취미는 독서입니다. 독서할 때는 다양한 장르를 읽어요. 일 때문에 고민이 있으면 비즈니스 서적을 읽습니다. 내게는 에너지 음료 같은 것이죠. 또 소설도 자주 읽어요. 소설은 도움이 안 된다는 말들도 하는데 나는 그렇지 않다고 생각해요. 소설을 읽으면 다양한 사람의 처지가 되어볼 수 있어서 상상력을 키울 수 있습니다. 요즘 SNS에서의 저격이나 비방이 큰 문제인데, 소설을 읽으면 다른 사람이 무슨 생각을 하는지 상상할 수 있게 되고, 그 결과 다정해질 수 있다고 생각합니다.

이 글의 결론, '제일 하고 싶은 말'이 뭘까요? '취미가 다양하다'일까요? '넷플릭스에 빠졌다'일까요? '어려서부터 독서를 했다'일까요?

'소설은 도움이 된다'를 글쓴이가 제일 말하고 싶었던 내용이라고 가정해 보죠. 메시지가 잘 전달되도록 정리해 보았더니 이런 글이 나왔습니다.

`Good !`

소설은 도움이 됩니다.

비즈니스 서적과 달리 소설은 도움이 안 된다고 여겨지기 쉬운데, 그렇지 않아요.

소설을 읽으면 다양한 사람의 처지가 되어볼 수 있어서 상상력을 키울 수 있습니다.

요즘 SNS에서의 저격이나 비방이 큰 문제입니다.

소설을 읽으면 '다른 사람이 무슨 생각을 할까?'를 상상할 수 있습니다. 그러면 다른 사람에게도 다정해질 수 있습니다.

글쓴이가 무엇을 전달하고 싶은지 바로 알 수 있게 됐지요? 바로 결론부터 제시하니까 글이 지루하게 느껴지지도 않습니다.

'어디에 중심이 있는지' 확실하지 않은 글은 멀리 확산되지 못해요. 중심이란 쓰는 사람이 제일 말하고 싶은 것, 핵심 메시지입니다.

눈싸움을 하려면 눈을 단단하게 뭉쳐야 하죠. 그때 꽉 뭉치지 않고 포슬포슬한 눈 그대로 던지면 고작해야 1미터 정도 날아갈까요. 단단히 뭉쳐서 '중심'을 확실하게 만들면 멀리 잘 날아갑니다. 이와 비슷한 이치입니다.

중심 없는 글은 사람들에게 전달되지 않습니다. 글을 다 썼다면 그래서 이 글로 뭘 말하고 싶은지를 냉정하게 생각해 보세요. 중심을 과감하게 서두로 가져오면, 사람들에게 분명히 전달되는 문장이 될 겁니다.

중요한 부분만 남기면 된다

글에 불필요한 부분이 많으면 전달이 잘 안 됩니다.

앞의 예시로 설명하면 '취미가 다양하다'라는 부분이나 넷플릭스 이야기 등은 필요 없죠.

설령 1만 자를 썼어도 8천 자가 재미없으면 2천 자짜리 원고로 과감히 잘라냅니다. 이런 용기가 필요합니다. 모처럼 열심히 썼을 테니 아까운 마음은 이해하는데, 지루한 부분을 남기면 결국 읽어주는 사람이 없을 테니 그거야말로 아까운 일이죠. 그러니 '엄격한 편집자'가 되어 싹둑 잘라내야 합니다.

'아니, 취미 이야기도 하고 싶은데요!'라면 과감하게 다른 글로 나누면 됩니다. '나는 취미가 다양하다'라는 또 하나의 글을 쓰면 돼요.

글 하나에 메시지를 잔뜩 담지 않을 것. 이 이야기도 하고 싶고 저 이야기도 하고 싶어서 내키는 대로 쓰면 '중심'이 분산됩니다.

이렇게 하면
문장이 전달된다

01

그 문장, 쓴 사람은 이해했는가? 자신이 모르는 문장을 쓰면 안 된다.

02

글은 무조건 짧게. '이 단어, 정말로 필요해?' 스스로 물어보며 꼼꼼하게 문장을 다듬는다.

03

글 하나로 많은 메시지를 전달하려고 하지 않는다. 제일 전달하고 싶은 말은 앞으로 가져온다.

04

글쓴이인 자신보다 '읽는 이'가 어떻게 생각할지 상상하며 쓴다. 독선적인 문장은 아무도 읽지 않는다. 독자에게 친절한 글을 쓰자!

TIP 2

취재와 집필을 할 때
편리한 7가지 도구

취재와 집필을 할 때 쓰는 도구를 소개합니다.

1. IC 레코더(올림푸스 DM 720)

취재할 때 늘 이 녹음기를 지닙니다. 컴퓨터 USB 단자
에 직접 끼워서 데이터를 쉽게 옮길 수 있고, 건전지 방식
이라 편리해서 자주 사용합니다.

2. 츠바메 A5 노트

취재하면서 메모할 때는 츠바메 A5 노트를 씁니다. 언

제나 수첩에 끼워서 가지고 다니니까 잊어버리지 않습니다. 아날로그하게 메모할 때는 이 노트에 전부 적어 일원화합니다.

3. 제트스트림 볼펜

볼펜을 다양하게 썼는데, 제일 부드럽고 긁히지도 않아서 제트스트림에 정착했습니다. 애용한 지 10년 정도 되었습니다. 메모할 때도, 교정지에 첨삭할 때도 전부 이 펜을 씁니다.

4. 맥북 에어

굳이 언급할 이유는 없지만 메인 도구는 이것입니다.

5. 포메라(DM100)

맥북 에어는 편리한데 한 가지 문제점이 있습니다. 바로 인터넷에 연결되는 점이죠. 제가 오로지 집필에 집중하고 싶을 때는 포메라를 활용합니다. 포메라란 집필 전용 기기로, 말하자면 작은 노트북입니다.

집중하고 싶을 때는 포메라에 문서 데이터를 넣고 카페에 틀어박히면 문제 없이 원고를 진행할 수 있습니다.

6. 『세계 명언 대사전』(가지야마 젠梶山健 / 메이지서원)

사소한 테크닉인데, 원고에 명언을 조금 첨가하면 글이 재미있어집니다. 서두에 명언이 있는 책, 종종 보지 않나요? 명언이 있으면 이상하게 설득력이 좋아지고 깊이가 생깁니다. 그래서 이 책을 곁에 두고 팔랑팔랑 넘기며 살펴봅니다.

7. 『뉴스 예정』(교도통신사)

교도통신사가 매년 발간하는 책으로 1년간의 주요 이벤트를 망라합니다. 괜찮은 글감이 없을 때나 기획을 짤 때 유용합니다.

글 하나에
하고 싶은 말은 하나,

이것이
원칙입니다.

3장

읽어주지 않아서
어려워

글을 '많은 사람에게

전달하는' 방법

사람들은 기본적으로
글을 '읽어주지 않는다'

지금까지 '누구나 글을 쓸 수 있다'를 염두에 두고 '이해하기 쉬운 글'을 쓰는 법을 설명했습니다.

지금부터는 한 단계 수준을 높여 볼까요? 이해하기 쉬운 것을 넘어 사람들이 '읽어주는' 글을 쓰는 방법입니다.

시작부터 좀 거칠게 말하겠습니다.

다들 '읽어주는 게 당연하다'고 믿고 있지 않나요?

트위터를 하다 보면 '이거 꼭 읽어주세요!'라는 트윗과 함께 어떤 글이 넘어올 때가 있는데, 그런 걸 봐도 내가 왜 읽어줘야 하나 싶습니다.

물론 읽어달라고 호소하는 것 자체는 나쁘지 않아요. 다만 매번 '강매'하면 사람들이 싫어하겠죠. 기본적으로 제목이나 내용을 통해 '자연스럽게 읽도록 유도하는' 글을 목표로 하는 게 좋겠습니다.

'읽어주지 않는 게 당연하다'고 생각합시다.

지금은 정보가 차고 넘치도록 많습니다. 글뿐 아니라 만화도 있고 넷플릭스나 유튜브에서 제공하는 영상도 무수히 많죠. 그 수많은 재미있는 콘텐츠 중에서 '왜 이 글을 읽어야 하는가?' 이 지점을 의식해서 쓰지 않으면 그냥 흘러갈 뿐입니다. 나중에 한가할 때 읽어달라고 하면 어떠냐고요? 요즘 시대에 '한가한 사람'이 있겠습니까.

모두가 콘텐츠 크리에이터라는 건 모든 콘텐츠가 프로의 콘텐츠와 비교된다는 말이기도 합니다. 게시하는 방법이 간단해지는 한편, 읽어주는 진입장벽은 점점 높아지기만 합니다.

사람들이 왜 안 읽어주는지 고민이라며 의논하러 오는 사람도 있는데, 아무래도 세상을 너무 선하게 보는 것 같아요. "끝까지 읽어주면 진가를 발견할 텐데요……"라고 말하기도 하는데, 끝은커녕 입구에도 얼씬 않는 사람이 대부분입니다.

'쓰기'라는 행위는 누구나 할 수 있어요. 그러니 '나도 작가나 문필가 정도는 될 수 있지 않을까?'라고 생각하기 쉽죠. 그런데 글로 밥벌이를 하는 사람은 한 줌에 불과합니다.

'노래'도 그렇습니다. 대부분 어느 정도 노래를 부를 줄 압니다. 노래방에서 100점을 받는 사람도 많아요. 그러나 노래로 돈을 벌기는 어렵습니다.

'말하기'도 마찬가지입니다. 단순한 말하기는 누구나 할 수 있어요. 그런데 유명한 예능인처럼, 일본이라면 개그 콤비 다운타운DOWNTOWN처럼 말로 몇 억이나 되는 돈을 벌기는 쉽지 않습니다.

'모두가 할 수 있는 일'이기에 그 일로 먹고살기는 힘듭니다.

'읽어주지 않는 게 당연하다'라고 생각하면 괴로울 거예요. 그래도 그런 각오를 하고 글을 쓰면 주변과 분명한 차이가 생길 겁니다.

'호기심이 없는 사람'에게도
글이 닿게 해야 한다

글을 쓰려면 호기심이 필요합니다. 그야 당연한 소리죠. 늘 안테나를 세우고 정치나 경제, 환경 문제, 국제 문제…… 다양한 분야에 흥미를 가지고 다가가야 해요. 이러한 관심이 아주 강력한 무기가 됩니다.

한편, 많은 사람에게 내 글을 전달하려면 '호기심이 없는 사람'에게도 닿아야 하죠. 호기심이 왕성한 사람의 약점을 꼽자면, '다른 사람들도 흥미가 있을 거야'라고 믿는 것입니다. 호기심이 왕성한 사람은 무엇에든 흥미가 있어요. 그래서 주변 사람들도 자기처럼 흥미가 있다고 판단해 버립니다.

사실 저는 호기심이 왕성하지 않은 편이에요. 일상적인 것에는 관심이 많고 사소한 것에 신경 쓰는 편인데, 다양한 분야의 책을 찾아 읽지는 않습니다. 그보다는 텔레비전 예능을 보는 게 좋아요.

그다지 호기심이 없는 편이라서 호기심 없는 사람의 마

음도 압니다. 그래서 늘 '호기심 없는 나도 읽고 싶어지는 글'을 쓰려고 합니다.

'다들 흥미 있잖아요?'식의 자세로 쓴 글은 사람들이 읽어주지 않아요. 많은 사람이 글을 읽게 하려면, 호기심 없는 사람에게도 도달하게끔 해야 합니다.

'쓰고 싶은 것'과
'읽고 싶은 것'은 다르다

쓰는 이가 '쓰고 싶은 것'과 읽는 이가 '읽고 싶은 것'은
보통 어긋납니다.

출판사에서 편집 일을 하던 시절 이야기를 해보죠. 편
집자는 저자 후보인 사람에게 기획을 제안합니다. 그때
제가 특히 유념했던 점이, '저자가 쓰고 싶은 것'을 제안하
는 게 아니라 '저자가 쓰고 싶은 것과 독자가 읽고 싶은 것'
이 겹치는 부분을 찾아 제안하기였죠. '쓰고 싶은 것과 읽
고 싶은 것 사이를 조정'하는 것입니다.

저자는 커뮤니티에 관한 글을 쓰고 싶어도 그 사람에게
커뮤니티 이야기를 듣고 싶은 독자가 얼마나 있을지 냉

정하게 파악해야 합니다. 어쩌면 그에게는 돈에 관한 이야기를 듣고 싶은 독자가 더 많을지도 몰라요. 그렇게 겹치는 부분을 찾아봅니다.

사람은 의외로 자기 강점을 잘 모릅니다. '무엇을 말하면 독자가 재미있어할지' 본인은 좀처럼 알기 어려워요. 그러니 편집자가 객관적으로 그 사람을 파악하고, 가장 좋은 주제를 제안해야 합니다.

독자가 알고 싶어 하는 것에 반응하면서 결과적으로 쓰는 이가 전달하고 싶은 것을 쓰는 것. 이게 베스트입니다.

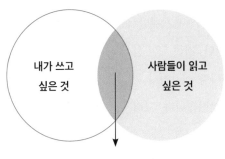

· 작가의 '쓰고 싶은 것'이 꼭
모두의 '읽고 싶은 것'은 아니다 ·

내가 쓰고
싶은 것

사람들이 읽고
싶은 것

겹치는 부분을 쓴다.

강연을 연다면
사람이 모일 만한 주제를 선택한다

참고로 대중이 자신에게 어떤 주제를 원하는지 모르는 사람에게는 이렇게 조언합니다.

"당신이 강연회를 연다고 해봅시다. 어떤 주제를 말하면 사람이 모일 것 같나요?"

변리사라면 대부분 '세금 이야기'나 '돈 이야기'를 듣고 싶을 테고, 심리 상담사라면 '심리학'에 대해 듣고 싶겠죠.

현실적으로 관객이 어느 정도 와줄지를 상상하면, 자신에게 부합하는 주제가 보입니다.

이런 일도 있었어요.

한 회계사가 자기계발서를 쓰고 싶어서 관련 기획을 가져왔습니다. 저는 "음, 선생님은 회계사이시죠. 자기계발서가 아니라 세금이나 돈에 대해 쓰시는 게 좋겠습니다"라고 조언했습니다. 그러자 "네? 그런 뻔한 이야기를 책으로 써도 되나요?"라고 놀라더군요. 이렇듯 '자기가 말하고 싶은 것'과 '주변에서 그 사람에게 듣고 싶어 하는 것'

에는 의외로 차이가 있습니다. 사람들은 이 사실을 미처 깨닫지 못하죠.

자기에게 어울리는 주제를 찾으려면 편집자에게 조언을 구하는 것이 최선입니다. 그러나 보통의 사람은 편집자에게 조언을 구할 수 없죠.

그럴 때는 가족이나 친구 같은 가까운 사람에게 물어보는 것도 좋습니다. "내가 뭘 말하면 좋을 것 같아?", "나한테 무슨 이야기를 듣고 싶어?" 그러다가 생각지도 못한 주제를 찾을지도 모릅니다.

혹은 트위터에서 꾸준히 글을 올려봅시다. 그러다 보면 사람들이 어떤 내용에 반응하는지, 무엇을 좋아하는지 보일 거예요. 자신을 얼마나 객관적으로 볼 수 있는지가 중요합니다.

이렇게 말하면 '읽는 사람에게 싹 다 맞추라는 말인가?'라고 생각할 수도 있습니다. 자기가 말하고 싶은 걸 말하는 게 나쁘냐고요. 그런 뜻은 아닙니다.

모처럼 글을 올렸는데 사람들이 읽어주지 않으면 아깝다는 것이죠. 자신이 하고 싶은 말을 전달하기 위해서는 어떻게 사람들에게 닿게 할지 고심해야 합니다. 또 사람들이 내 이야기를 들어주도록 유도하기 위해서는 우선 '읽는 이의 기대에 부응하기'부터 시작하는 것이 하나의 방편입니다.

'나는 먹지 않을' 요리를 내는 요리사가 되지 마라

또 한 가지, '내가 독자였다면 정말로 그걸 읽고 싶은가?'를 늘 생각해야 합니다.

자, 생각해 보세요.

"저는 먹기 싫지만 어디 드셔보세요" 하며 요리를 제공하는 요리사가 있나요? "별로 맛있지는 않지만, 오므라이스입니다"라면서 요리를 주는 요리사가 있겠습니까? 만약 그런 레스토랑이 있다면 가기 싫겠죠.

그런데 문장 세계에서는 이런 일이 비교적 자주 벌어집니다.

편집자가 "○○에 관해서 1만 자 써주세요"라고 부탁하면, "일단 글자 수는 채웠으니까 드릴게요. 그다지 재미는 없지만……"이라고 말하는 프로 작가도 있습니다. "나는 두 번 다시 읽지 않겠지만 모처럼 썼으니까 읽어주세요"라고 말하는 것과 마찬가지인 글을 도대체 누가 읽고 싶을까요?

요리를 대접할 때도 보통은 "맛있으니까 이거 드셔보세요"라고 말합니다. 자기가 좋다고 생각하니까 남에게 권할 수 있죠. 그런데 이상하게 '글쓰기'가 되면 "일단 썼으니까 읽어주세요" 식의 태도인 사람이 많습니다.

글 역시 손님의 시선으로 생각해야 합니다.

다시 말해 객관화하는 것이죠. 객관화 客觀化 란, 손님이 보는 시점에 서는 것입니다. 글을 쓸 때도 자기 주관은 물론이고 손님의 시선을 더해야 해요.

"과연 내가 손님(독자)이라도 이 글을 읽을까?"

"내가 손님(독자)이라면 이 글을 재미있다고 생각할까?"

이러한 질문을 기억해야 합니다.

'예의상' 읽어주는 사람은 없다

왜 이렇게까지 독한 소리를 할까요?

'예의상' 글을 읽어주는 다정한 사람은 세상에 없기 때문입니다. 지인이나 가족이라면 읽어줄지도 모르죠. 그러나 생면부지인 타인이 여러분이 올린 글을 보고 '이 사람, 열심히 쓴 글일 테니까 어디 한번 읽어줄까?'라고 생각할 리 없습니다. 다들 그렇게 한가하지 않아요.

게다가 '글로 돈을 벌겠다', '글쓰기를 내 업으로 삼겠다'라고 생각한다면 더 그렇습니다. 15,000원 이상 하는 책을 '예의상' 사주는 사람은 없어요.

여러분이라면 자신이 쓴 글에 얼마를 지불하겠습니까?

거의 모든 구매는 '본심'으로 이루어집니다. '정말로 도움이 될 것 같아', '정말로 재미있을 것 같아'라는 생각이 드니까 구매합니다.

독자는 '본심'에서 우러나 콘텐츠를 선택합니다. 그렇다면 제공하는 쪽도 '본심'에서 우러나 콘텐츠를 만들어야 합니다.

'이런 내용을 쓰면 인기가 있겠지?', '지금 딱 인기 있는 주제니까 다들 읽어줄 거야' 같은 어중간한 마음으로 쓴 글에는 아무도 반응하지 않아요.

여러분이 진심으로 읽고 싶고 재미있다고 생각하는 것을 쓸 것, 늘 유념합시다.

타깃을
설정하는 문제

"글을 쓸 때 타깃을 정해두는 편이 좋을까요?"

자주 듣는 질문입니다.

"어떤 소비층을 대상으로 썼는지 확실히 해야 합니다"
라고 말하는 편집자도 있죠.

저는 언제나 '나 자신'을 타깃으로 삼습니다. '내가 읽고
싶은 것'을 쓰고 '내가 사고 싶은 책'을 만듭니다.

"엥? 하지만 나만 읽고 싶은 글이면 독자가 한 명뿐이
잖아요!" 네, 이렇게 생각할 수도 있습니다.

그런데 아닙니다. 제 안에는 저와 비슷한 생각을 하는
사람이 수천 명, 잘하면 수만 명도 있습니다.

'분인주의分人主義'라는 관점이 있습니다.

작가 히라노 게이치로平野啓一郎 씨가 내세운 관점으로, 간단히 설명하면 '사람은 다양한 인격의 집합체'라는 뜻입니다.

'individual'은 '개인'이라고 번역되곤 하죠. individual은 '이보다 더 나눌 수 없다'는 의미를 지녔는데, 히라노 씨는 이에 이의를 제기합니다. 개인에게도 다양한 인격이 있다, 한 인간 안에도 다양한 측면과 얼굴이 있다, 따라서 '개인'이 아니라 '분인'이다. 이것이 히라노 씨의 주장입니다.

'가족과 대화할 때의 나'와 '상사와 대화할 때의 나' 중에서 어느 쪽이 진짜 나일까? '친구와 대화할 때의 나'와 '혼자 있을 때의 나' 중에서 어느 쪽이 진짜 나일까? 이런 생각 한 번쯤 해본 적 있지 않나요?

히라노 씨에 따르면 '진짜 나'가 중심에 있고 몇 개나 되는 '가짜 나'가 주변에 있는 것이 아니라 '그 모든 얼굴이 전부 나'입니다.

'나'라는 한 사람 안에는 다양한 인격과 다양한 모습이 존재합니다. '강아지를 보고 귀여워하는 나'도 있고 '누군가를 질투해서 속이 부글부글 끓는 나'도 있죠. '공부해야지!' 다짐하는 성실한 내가 있는가 하면 '맥주나 마시고 뒹굴며 지내고 싶다'라고 푸념하는 불량한 나도 있어요.

참고로 거의 모든 출판사의 책 기획서에는 '대상 독자 (타깃)'를 명시하는 칸이 있습니다.

'일하는 20대 여성', '40대 남성 리더' 따위를 적는데, 저는 이 칸을 채울 때마다 늘 고민이에요. '○○살 남자', '직업이 ○○인 여자'를 타깃으로 삼아 책을 만드는 건 어딘가 이상합니다.

분인주의적 관점으로 생각하면 60대 남성에게도 귀여운 면이 있고, 20대 여성에게도 달관한 인생관이 있습니다. 게다가 점점 더 다양화가 진행되죠. 나이나 성별, 직업 등으로 사람을 나누는 것은 요즘 시대에 어울리지 않는 생각입니다.

유일무이한 존재인 당신이 읽고 싶은 글을 썼더라도, 당신이 이 책을 재미있다고 여기는 요소가 다른 수많은 사람에게도 있을 겁니다. '강아지가 귀여워'라고 생각하는 마음은 타인에게도 있고, '누군가를 질투하는 마음' 또

한 타인에게도 있어요. 그래서 저는 제가 읽고 싶은 글을
써서 많은 사람에게 전달하려고 합니다.

단 한 사람에게 전달하는
'돋보기 이론'

상황에 따라서는 '자신'이 아니라 '타인'을 타깃으로 삼
아야 할 때도 있습니다. 그럴 때는 '단 한 사람에게 전달하
기'를 의식합니다.

대충 '40대 남성'이나 '20대 여성'이 타깃이라고 하면
어렴풋하게 들리죠. 그보다 '우리 아버지가 읽고 싶어 하
는 것', '우리 조카 여자아이가 읽고 싶어 하는 것'처럼 '단
한 사람'으로 타깃을 좁힙니다. '누군가는 읽겠지'라는 마
음으로 쓴 글은 '아무도 읽어주지 않을' 위험성이 높기 때문
입니다.

초등학생 때, 돋보기로 태양광을 모아 하얀 종이에 불
을 붙이는 실험을 해본 적 있나요? 그때 넓은 범위를 대
충 비추면 불이 붙지 않습니다. 작은 한 점에 집중해야만

· 타깃이 어중간하면 독자에게 전달되지 않는다 ·

대충 비추면 타지 않는다.

한 지점에 집중하면 불이 붙는다.

연기가 나고 불이 붙어서 타오르죠.

타깃의 이미지도 이렇습니다.

어느 '한 사람'의 가슴에 꽂히면 불꽃이 타닥 튀고 주변으로 퍼져요. 처음부터 넓은 범위를 비추면 그냥 따끈따끈할 뿐이죠. 많은 사람에게 전달하고 싶다면, '단 한 사람'에게 전달하려고 하는 것이 오히려 효과적입니다.

'순진무구한 작가'와
'심술궂은 편집자'

읽히는 글을 쓰려면 자신의 내면에 '작가'와 '편집자'를 만들어내야 합니다. 혼자서 작가와 편집자 두 역할을 하는 것이죠.

구체적으로 어떻게 하면 될까요? 과정을 살펴봅시다.

우선 씁니다. 자기 주관대로 그냥 쓰세요.

어려운 생각일랑 집어치우고 머리에 떠오르는 것을 계속 써요. 문법이나 단어가 틀려도 신경 쓰지 않습니다. 생각나는 대로, 마음 가는 대로, 논리적인지 아닌지도 일단은 괜찮습니다.

'이거 너무 천박하지 않아?', '이런 발상은 재미없을 것 같은데?' 이런 고민은 일절 하지 않아도 됩니다. 자질구레한 생각을 그치고 마음껏 써내려 가세요.

자, 그다음입니다. 조금 시간을 둔 후에 '편집자'로 전환합니다.

아마 지금 눈앞에 '제멋대로인 문장 덩어리'가 떡 하니 있을 거예요. 그 덩어리를 객관적으로 보며 조사를 제대로 썼는지를 비롯해 '여긴 문장이 틀렸네', '논리가 이상하잖아', '이 표현은 좀 격하다'라고 객관적으로 정리합니다.

누구나 글을 보고 조언할 수 있다

갑자기 편집자가 되라니, 좀 어렵게 느껴지죠? 그런데 누구나 될 수 있습니다. 사람은 '다른 사람의 문장에서 어디가 이상한지' 지적하는 재능이 있거든요.

원래 사람은 무언가를 객관적으로 보는 성질을 타고났습니다. 예를 들어 뉴스를 '객관적'으로 보고 한마디 비평할 수 있죠. 포털사이트의 뉴스에는 누구나 댓글을 달 수 있어요. 영화를 보고 나면 '별로 재미없어', '그냥 그러네'

같은 감상을 쉽게 말합니다. 비평 실력이 뛰어난 사람은 '캐스팅이 시시하다', '오프닝이 너무 어이없다' 같은 구체적인 지적도 할 수 있습니다.

이처럼 거의 모든 사람은 타인의 글을 보고 '어디가 이상한가', '어떤 점이 재미없는가'를 지적하는 능력이 있습니다.

주관적으로 글을 쓸 때는 몰랐던 점도 편집자 시점에서 객관적으로 보면 '좀 더 구체적인 에피소드를 넣으면 좋지 않을까?' 혹은 '여기는 논리가 이어지지 않으니까 이런 문장을 추가하면 좋지 않을까?' 같은 조언을 할 수 있습니다. '여기가 좋아', '여기가 나빠' 정도의 평가는 의외로 누구나 할 수 있어요. 이러한 지적을 '시간을 두고' 혼자서 해봅니다.

출판사에 입사하면 어지간한 사람은 편집자로 일할 수 있습니다. 그러나 소설 강좌를 들어도 소설가가 될 수 있는 사람은 극히 일부입니다.

쓸 때는 칭찬하며,
읽을 때는 헐뜯으며

편집자가 될 때는 최대한 심술보 가득한 편집자가 됩시다. '이거 좀 시시한데?'라고 생각하면서 퇴고하면 점점 재미있어져요. '5줄쯤 읽으니까 지겨워지네……. 그렇다면 지루하지 않게 여기에 소제목을 붙이자'라거나 '이 예시는 별로니까 다른 걸로 바꾸자'라는 식으로 손을 대니까요.

단, 쓰는 단계에서는 심술궂게 굴지 않는 것이 중요합니다. '심술궂은 글쓴이'는 아무것도 쓰지 못하니까요. 쓰는 단계에서는 순진무구하게 '이거 최고다!', '나 되게 재밌는 인간이네!'라고 마구마구 칭찬하면서 쓰세요. 그리고 나서 그 글을 읽을 때는 '이 인간 진짜 별로잖아'라고 스스로 헐뜯으며 빨간 펜으로 교정을 봅니다.

좋은 문장은 '주관과 객관의 왕복'으로 이루어져요. 그런 일을 혼자서 오래오래 해보는 것이 문장력을 기르는 요령이에요.

'자기 일'이 될 만한
주제를 고른다

사람들이 읽어줄 글을 쓰려면 제일 먼저 '무엇을 쓸 것인가', 즉 주제 찾기가 중요해집니다. 1장을 통해 '쓸 게 없어'라는 고민을 극복했지만, '화제가 될 만한 글감'을 계속해서 발굴하기는 어렵죠.

어떻게 하면 화제가 될 글감을 찾을 수 있을까요?

키워드는 '자기 일'입니다.

마케팅 세계에서는 소비자가 남 일이 아니라 '자기 일'로 여기도록 만드는 것이 중요하다고 하는데, 문장 세계에서도 마찬가지입니다. 독자가 '자기 일'로 여길 수 있는 분야에는 반드시 수요가 있습니다. 그런 분야를 고르면 화제성 있는 글감을 쉽게 만들어낼 수 있습니다.

누구나 '자기 일'로 여기기 좋고 에너지도 넘치는 주제는 다음 5가지입니다. 무엇을 쓸지 고민된다면 이 주제 중에서 골라보면 어떨까요?

① 돈(일, 일하는 방식 등을 포함)

② 식욕

③ 연애·결혼·가족

④ 건강

⑤ 교육

우선 ① 돈이나 일, 일하는 방식과 관련한 주제는 에너지가 넘치기 마련입니다. 사람들은 매일 '어떻게 해야 돈을 더 벌 수 있을까', '어떻게 하면 행복하게 일할 수 있을까'를 고민하니까요.

② 식욕은 인간의 근원입니다. 맛집이나 요리 콘텐츠는 절대 유행을 타지 않아요.

③ 연애·결혼·가족도 인생에 없어서는 안 될 요소죠. 앞으로는 시대의 흐름에 따라 더 중요해지지 않을까요?

④ 건강도 인간의 생존 본능이 사라지지 않는 한 스테디셀러입니다.

⑤ 교육, 육아라는 주제에도 엄청난 에너지가 있습니다. '나보다 아이가 더 중요한' 부모는 많죠. 교육을 위해서라면 돈을 아끼지 않는 사람도 많습니다.

게다가 육아에는 절대적인 정답이 없어요. 처음 부모가 되면 다들 초보자인데 그렇다고 실수하길 원하진 않죠. 그러니 육아나 교육은 어느 시대나 역시 최강의 콘텐츠입니다.

여기에 하나 더 추가한다면 '교양'입니다. 사람들은 "그런 것도 몰라?"라는 말을 듣기 싫어해요. 망신당하기 싫거든요. 이 '망신당하기 싫은 수요'도 큰 에너지를 지녔습니다.

나의 특기 분야·전문 분야와 조합한다

이런 '확실한' 주제를 고르면 웬만해선 빗나가지 않지만 그만큼 경쟁도 심합니다. 예를 들어 인터넷을 보면 돈

이야기를 하는 포스트가 발에 채일 정도로 많지요.

이때 이런 주제와 자기 특기 분야 · 전문 분야를 어떻게 조합하는지가 중요합니다.

곤충에 해박한 사람이 곤충 이야기를 평범하게 쓰면 사람들이 읽어주지 않을 거예요. 그럴 때 ③ 연애 · 결혼 주제와 조합하면 어떨까요.

예를 들면 '곤충은 불륜을 할까?'라는 주제의 글을 쓸 수 있습니다. 이런 내용이라면 읽을지도 몰라요.

프랑스에 사는 사람이 프랑스 생활을 평범하게 쓰면 읽어주지 않을 수도 있는데, '프랑스 육아법을 알고 놀랐어!'라는 포스트라면 누군가 읽어줄 가능성이 생깁니다.

'나의 특기 분야 X 에너지 있는 5가지 주제'에 주목합시다.

'나만이 쓸 수 있는 것'을
'누구나 이해할 수 있게'

작가 이노우에 히사시井上廈 씨는 '작문 비결은 무엇인가?'라는 질문에 아주 단순하고 본질적인 답을 했습니다.

작문 비결을 한마디로 말하면, 나만이 쓸 수 있는 것을 누구나 이해할 수 있는 문장으로 쓰는 것뿐입니다. (중략) 누군가가 쓴 글이 재미있다면, 그 사람에게만 생긴 일과 그 사람만 생각한 것과 그 사람만이 마음에 품은 바를 이해하기 쉬운 문장으로 쓴 것이에요. 바로 그런 점이 모두의 마음을 움직입니다.

— 이노우에 히사시, 『이노우에 히사시와 동료 141명의 작문 교실井上ひさしと141人の仲間たちの作文教室』에서

이노우에 씨는 또 이런 말을 했습니다. 학자들 중에는 '누구든 쓸 수 있는 것을 누구도 이해하지 못하는 문장으로 쓰는 사람'도 있다고요.

대학 교수가 쓴 책을 보면, 'A는 B이다'라는 단순한 사실을 너무 빙빙 돌아가며 설명하곤 하죠. '학문'이란 원래 그런 건지도 모르나, 많은 사람이 읽어줄 글이 되긴 어렵습니다.

이노우에 씨는 '좋은 글이란 무엇인가'를 유심히 고민한 결과, 이 '나만이 쓸 수 있는 것을 누구나 이해할 수 있는 문장으로 쓴다'라는 깨달음에 도달했겠지요.

내가 쓴 글을 왜 안 읽어줄까 고민일 때, 이 '나만이 쓸 수 있는 것을 누구나 이해할 수 있게'라는 문장을 떠올리면 좋겠습니다.

독자에게 그 글을 읽을
'동기'가 있는가

글이 읽히지 않는 이유는 '어떤 것'이 없기 때문입니다.

이 어떤 것이란 '읽을 동기'입니다. 읽히지 않는 글에는 읽을 동기가 없습니다. 당연한 말인데, 이 점을 의외로 깜박하기 쉬워요.

사람이 행동하기 위해서는 먼저 동기가 필요합니다.

'돈이 필요하니까 일한다', '재미있다는 평이 자자하니까 영화를 본다'처럼 행동 이면에는 반드시 동기가 있습니다. 따라서 글을 읽어주길 바란다면 '이걸 왜 읽어야 하는가?'라는 동기를 만들어주면 됩니다.

동기를 만들 때 제일 효과적인 방법은 이 글을 읽으면

어떤 좋은 일이 있는지를 제시하는 것입니다. 즉 '이점 제시하기'입니다.

약상자에는 '성분'과 '효능'이 있다

약상자를 떠올려 봅시다.

가까이에 약이나 에너지 음료가 있다면, 곁에 어떤 내용이 적혀 있는지 확인해 보세요. 아마도 '성분'과 '효능'이 적혀 있을 겁니다.

'타우린 2천 밀리그램! 자양 강장, 체력 회복'이나 '이부프로펜 배합 각종 감기 증상에 효과적!' 같은 형식입니다.

타우린이나 이부프로펜이 뭔지는 몰라도 보기만 해도 대단하게 느껴지죠. 효능이 없으면 약은 팔리지 않을 겁니다. 단순히 '타우린이 들었어요!'라고 하면 '그래서 뭐?' 싶죠. 성분과 효능을 뚜렷하게 제시해야 사람들이 달려듭니다.

저는 비즈니스 서적을 만들 때도 이 '성분과 효능'에 주목합니다. 제목이나 표지에 최대한 '성분과 효능'을 넣으려고 하죠.

서점에 가서 인기 있는 책을 보면 『인생이 바뀌는 ○○』, 『꿈을 이루는 ○○』 같은 제목이 많습니다. 여기서 성분은 '○○'이고 효능은 '인생이 바뀌다', '꿈을 이루다'입니다. 이처럼 '이 책을 읽으면 어떤 좋은 일이 생길까?'를 제시해 줍니다.

너무 치졸하고 얄팍한 술수라고 생각할 수도 있습니다. 그렇지만 이점을 제시하면 대중이 반응하는 건 사실이에요.

'내가 쓴 글에 독자에게 도움이 될 내용이 들어가 있는가?'

'이 글을 읽으면 독자에게 어떤 좋은 일이 생기는가?'

이 점을 의식하는지 아닌지에 따라 독자의 수가 달라집니다.

· 자연스럽게 손이 가는 포장지의 특징 ·

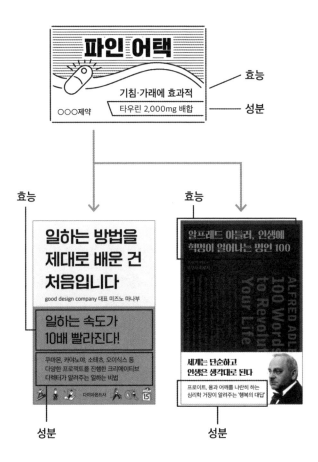

효능

성분

효능

효능

성분

성분

사람이 모이는 '맥락'에
콘텐츠를 둔다

이번 장에서 설명하는 핵심 내용을 한마디로 표현하면 '마케팅을 합시다'입니다.

앞으로 쓰는 사람들의 주요 전쟁터는 온라인입니다. 그곳에서 자기 글이라는 상품을 팔려면 마케팅이 필수 불가결이죠.

이전에는 작가가 책이나 잡지에 기고하면 편집자가 이후의 마케팅을 해주었습니다. 예를 들어 주간지에 글을 제공하기만 하면 알아서 독자에게 전달해 줍니다.

그런데 온라인 세계는 아무도 마케팅을 해주지 않아요. 이미 인지도가 있는 웹 미디어에 올린다면 다르겠지만, 트위터나 note처럼 직접 글을 올리고 홍보해야 하는 사이트라면 쓰는 이에게도 마케팅 감각이 중요합니다.

온라인에는 누구나 글을 올릴 수 있는 대신 아무도 도와주지 않습니다. 이러한 시대에 쓰는 사람은 '마케팅 감각이 있느냐 없느냐'에 따라 크게 차이가 납니다.

키워드는 '맥락'입니다.

인터넷 시대는 '어디에 어떤 맥락이 있는가'를 파악하고 사람이 몰리는 맥락에 어떤 글을 얹는지가 중요합니다. 이런 맥락을 이해하는 사람은 일이 잘 풀리고, 이걸 모르는 사람은 아무리 글을 올려도 '왜 아무도 안 읽어주지?' 하고 고뇌하게 됩니다.

제 경우를 예로 들겠습니다. 저는 'SNS 시대의 편집자'라는 맥락에 올라탔습니다. 인터넷이 등장하고 콘텐츠는 폭발적으로 늘었는데, 그에 어울리는 편집이 발맞춰 따라오지 못하고 있죠. 'SNS 시대의 편집자', 'SNS 시대에 어떤 문장을 엮어야 하는가'라는 맥락에는 사람이 있을 테니, 여기에서 존재감을 보일 수 있겠다고 판단했습니다.

맥락이란 '도시의 거리'와 같습니다. 좁은 골목도 있고 사

람이 많이 오가는 대로도 있죠. 어디에 가게를 내면 장사
가 잘될까? 어떤 맥락에 글을 두면 많은 사람이 읽을까?
이를 예민하게 의식해야 합니다.

좋은 글은 독자에게 보내는
'러브레터'

그렇다고 마케팅에 과하게 집착하다가 마케팅 자체에 함몰되면 진정으로 매력적인 글은 나오지 않습니다.

'이 세상에 말해야 할 것은 무엇인가?', '무엇을 전달해야 다들 즐거워할까?'라는 마음을 지니고 생각해야 합니다.

음악을 하는 사람 중에도 가난한 뮤지션과 프로 뮤지션이 있습니다. 그 차이는 어디에 있을까요? 잘하고 못하고에 달렸을까요? 아주 노래를 잘 부르는 사람 중에도 친구와 노래방에 가면 잘한다는 칭찬만 듣고 그뿐인 사람도 많습니다. 한편 그렇게까지 노래를 잘하지 않는데 연말 가요제나 시상식에 출연하는 사람도 있죠.

그 차이는 어디에서 올까요?

저는 '그 사람의 노래를 듣고 즐거워하는 사람이 얼마나 있는가?'에 달렸다고 생각합니다. 아무리 잘 불러도 그 사람의 노래로 즐거워하는 사람이 없으면 직업으로 연결되지 않고, 아무리 못 불러도 즐거워하는 사람이 있으면 직업이 됩니다.

그러니 사람들이 읽어주는 글을 쓰고 싶다면 언제나 사람들을 즐겁게 만드는 방법을 고민해 보세요. 너무 뻔한 말이지만, 진리입니다.

이 책에서는 각종 테크닉을 소개하는데, 사실 그런 테크닉 자체가 중요하진 않습니다. 무엇보다 상대를 바라보며 어떻게 하면 좋을지 고민하는 것이 중요해요.

『비즈니스 퍼슨의 유혹하는 기술Tecniche di comunicazione e relazione interpersonale per uomini d'affari』이라는 책을 만들 때, 이탈리아 작가 프란체스코 벨리시모는 '인기 없는 사람은 자기 과거를 말하고, 인기 있는 사람은 상대의 미래를 말한다'라고 했습니다.

인기 없는 사람은 졸업 앨범을 꺼내 "내가 이때는 이랬

다니까", "이날 스포츠 대회에서 우승했었지"라며 과거의
명예를 장황하게 늘어놓습니다.

한편 인기 있는 사람은 여행 가이드북을 가지고 와서
"우리 같이 어디 갈까? 하와이 재미있을 것 같지 않아?"라
고 밝은 미래, 함께하는 미래를 제시합니다.

자기 일만 생각하는 사람보다 상대를 생각할 줄 아는 사
람이 여러모로 잘된다는 좋은 예시라고 생각해요.

'상대를 생각하는 마음'이
좋은 글을 낳는다

좋은 문장은 좋은 러브레터입니다.
못 쓴 러브레터는 냅다 고백부터 하죠.

Bad !

정말 좋아합니다! 저랑 사귀어 주세요! 저는 당신을 좋
아합니다!

이 작전이 잘 먹힐 때도 있겠죠. 또는 열정에 못 이겨 사귀게 될 수도 있습니다.

그러나 대부분 '갑분싸'로 끝납니다. "뭐야, 기분 나빠"라는 말을 듣기 십상이에요. 왜냐하면, 상대를 전혀 생각하지 않았기 때문입니다.

좋은 러브레터는 상대를 충분히 생각해서 쓰여진 글입니다. 흥미를 끌 만한 이야기부터 시작하죠. 어쩌면 '갑자기 편지를 받아서 놀라셨죠' 같은 말로 공감하려는 시도를 할 수도 있습니다. 그다음으로 나를 알아주길 바라는 마음을 전달하겠죠.

무턱대고 일방적으로 '사귀고 싶어요'라고 쓰지 말고, 자신과 사귀면 생기면 어떤 이점이 있을지 은근슬쩍 보여주는 겁니다.

'저랑 사귀면 매일매일 즐거울 거예요!', '힘든 일이 생겼을 때 힘이 되어줄 수 있어요' 같은 의미의 메시지를 불쾌하지 않게 전달합니다. 그러면 상대도 긍정적으로 생각해 줄 거예요.

글을 쓸 때도 '독자를 위한 러브레터'인지 잘 생각해 봄시다. 내 이야기만 늘어놓지 않았나? 상대를 위한 이점이 있는가? 그렇게 '상대를 생각하는 마음'이 많이 읽히는 글을 만들어 냅니다.

자, 구체적으로 어떻게 하면 좋을까요? 이 문제는 다음 장에서 살펴보겠습니다.

이렇게 하면
내 글도 읽힌다

01

내가 쓰고 싶은 것과 독자가 읽고 싶은 것이 겹치는 주제를 고른다. 읽는 이가 '자기 일'로 삼을 주제라면 더할 나위 없다.

02

나 자신 혹은 '단 한 명의 독자'에게 전달하는 것처럼 쓴다.

03

심술궂은 편집자가 되어 내가 쓴 글이 '정말로 재미있는지' 객관적으로 다시 읽어본다.

04

'성분'과 '효능'을 신경 쓴 제목이나 훌륭한 포장을 통해 독자가 즐거워할 콘텐츠로 완성한다.

TIP 3

문장력이 있으면
의뢰나 교섭도 술술 풀린다

문장력을 높이면 의뢰나 교섭도 원만하게 진행됩니다.

이해하기 쉬운 글, 전달이 잘되는 글을 쓰려면 상대가 어떤 사람인지 곰곰이 생각하는 것이 가장 중요하죠. '상대가 어떻게 반응할까?' 이런 상상력을 발휘하면 사업을 할 때도 긍정적으로 작용합니다.

출판사에서 편집자로 일하던 시절, 저는 다양한 저자에게 책을 써달라고 의뢰했습니다. 크리에이터 디렉터 사토 가시와佐藤可士和 씨에게는 이메일을 통해 집필을 청탁했습니다.

'가시와 씨는 워낙 바쁜 분이니까 편지를 보내도 열어보지 않을 수도 있겠지'라고 생각했습니다. 또 가시와 씨는 논리적으로 생각하는 분일 테니까 서정적인 편지보다 이메일로 간결하게 용건을 전달하는 편이 낫다고 생각했죠.

이메일을 쓸 때 특히 고려한 점이 있습니다. 청탁하는 내용뿐 아니라 '이런 책을 만들고 싶습니다'라고 책 표지 디자인까지 첨부해서 보냈지요. 『사토 가시와의 사전 협의佐藤可士和の打ち合わせ』라는 비즈니스 서적을 요청하고 싶었기에 제목과 띠지 카피도 넣은 표지 이미지를 보냈습니다.

청탁문의 서두에는 먼저 '어느 출판사의 누구인지'를 밝혀 신뢰성을 담보한 후, 곧바로 '사토 가시와 씨의 사전 협의*라는 책을 만들고 싶습니다'라는 결론을 밝혔습니다. 이어서 '회의에 관한 책은 많지만, 사전 협의에 관한 책은 없습니다. 가시와 씨가 사전 협의를 어떻게 하시는지 말씀을 듣고 싶습니다'라고 적었습니다.

청탁하는 글에서는 예상되는 '거절 이유'를 미리 방어하는

* 본격적인 협의를 앞두고 주로 정보를 공유할 목적으로 진행하는 준비 단계의 협의를 의미한다.

것이 중요해요. '어떤 이유로 거절할까?'를 상상했더니 '사전 협의에 관한 내용만으로 책 한 권을 쓰기 어렵다'라는 이유가 생각났어요.

그래서 '사전 협의에도 다양한 토픽이 있습니다. 협의하기 전에 해야 할 일, 협의하는 시간과 장소, 협의를 할 때 내는 마실 것 등 토픽은 얼마든지 찾을 수 있습니다'라는 내용도 미리 적었죠.

청탁문 전체 길이는 5줄 정도면 '대충 쓴 거 아니야?'라는 인상을 주고 너무 길면 또 읽기 힘들 수 있습니다. 따라서 컴퓨터로 볼 때 '마우스로 2번 스크롤하는' 길이로 정리했습니다.

청탁문의 마무리는 '마음에 들지 않으신다면 어쩔 도리가 없지만, 조금이라도 가능성이 있다면 말씀만이라도 나눌 수 있기를 바랍니다'라는 문장으로 했습니다.

답변하는 상대방의 부담감을 낮추려는 의도입니다. 한 번이라도 만나면 나의 열의나 진심이 전해집니다. 우선 '만나는' 단계에 도달하기 위해서 이렇게 썼습니다.

이 청탁문의 효과인지는 명확하지 않지만, 가시와 씨의 호의로 책을 진행할 수 있었습니다.

'이 미디어를 고른 것' 자체가 메시지

　요즘은 카카오톡이나 라인, 이메일, 편지 등 쓸 수 있는 도구가 다양하죠. 따라서 '미디어를 고르는 것' 자체가 '메시지'입니다.

　상대가 효율성을 중시하는 사람인가? 마음을 중시하는 사람인가? 그에 따라 당연히 선택할 미디어도 달라집니다. 전자라면 카카오톡이나 라인이 좋겠고, 후자라면 정중한 이메일이나 편지가 좋겠죠.

　『주간 문춘』의 당시 편집장 신타니 마나부新谷學 씨에게 집필 청탁을 할 때는 편지를 보냈습니다. 신타니 씨를 아는 사람에게 어떤 분이신지 미리 물어봐서 논리보다 정서를 중요하게 여기는 분인 걸 알았거든요.

　상대는 수많은 경험을 쌓은 취재의 달인이라서 괜한 잔꾀는 부려봤자 들킵니다. 따라서 이메일을 이용해 스마트하게 쓰기보다 편지에 '어떻게 책을 만들고 싶은가'에 대한 저의 열띤 의견을 담았습니다.

　그렇다고, 열의만으로 밀어붙이려고 하면 실례입니다.

열의만 넘치는 사람은 "꼭 선생님과 일하고 싶습니다!"라 며 자기가 하고 싶은 것만 늘어놔요. 제안을 받아들일 때 상대에게 무엇이 이점이 되는지는 별로 생각하지 않죠. 열의를 전하는 동시에 은근슬쩍 '당신에게도 나쁠 것은 없 다'라는 메시지를 전달해야 합니다.

신타니 씨에게 보내는 청탁 편지에는 이런 취지를 적었 습니다.

'저는 최강 편집자가 되고 싶습니다. '문춘포*'로 시대 를 움직인 신타니 씨는 최강 편집자이십니다. 모쪼록 말 씀을 듣고 싶습니다. 제 기획은 『주간 문춘 편집장의 업무 비결週刊文春」編集長の仕事術』입니다. 『주간 문춘』이 얼마나 철 저하게 진위를 파헤치고 성실하게 일하는지 세상에 알리 고 싶습니다.'

제 편지를 받은 신타니 씨가 흔쾌히 허락해 주셔서 아

---

* 『주간 문춘』에서 특정한 인물을 대상으로 잡아 강력한 저격 기사 를 터뜨린다는 신조어.

주 재미있는 책을 완성했습니다. 허락을 받은 이유 중 하나는 기획이 성실했기 때문입니다.

당시 신타니 씨는 '특종의 이면을 알려달라'는 기획 제안을 많이 받았다고 합니다. 배우 ○○ 씨의 불륜 속사정, 자유민주당 소속 정치인 ○○○ 씨의 금전 수수 속사정을 말해달라는 것입니다.

저는 그런 기획이면 『주간 문춘』 쪽에 그다지 좋을 게 없고, 독자들에게도 인기가 없으리라고 판단했습니다. 그러니 비즈니스 서적 출판사에서 '성실하게 일하는 방법'을 담은 책을 출판해 브랜드 가치도 높이고 독자의 기대도 충족하려고 했죠.

자신이 하고 싶은 것, 상대에게 이점이 되는 것, 나아가 독자의 기대를 응하는 것. 이 3가지가 맞물리는 지점을 찾아 형태로 만드는 것이 책 편집자가 하는 일입니다.

나만이
쓸 수 있는 것을

누구나
이해할 수 있게.

4장

재미없어서
어려워

상품이 될 '재미있는 글'은

이렇게 만든다

'정보'만으로는
가치가 없다

이번 장에서는 '읽히는 글'을 넘어 '재미있는 글'을 쓰는 방법을 알아봅니다.

요즘 시대에 많은 사람이 읽어주길 바란다면 '재미'있어야 합니다. 인터넷이 없던 예전에는 정보량 자체가 많지 않았어요. 그러니 모두가 글을 읽어준다는 전제로 글을 쓸 수 있었습니다. 정보를 원하는 수요가 있었기에 정보를 제공하기만 하면 읽히기는 쉬웠습니다.

한편 이제는 쓰는 사람이 글이 지루하지 않게, 읽다가 이탈하지 않도록 고민해서 재미있게 써야만 사람들이 간신히 그 글을 읽어줍니다.

지방 관광지에 가면 유적 안내판을 흔히 보게 됩니다.

'사카모토 료마坂本龍馬의 출생지'나 '다테 마사무네伊達政宗가 마지막으로 싸운 곳' 같은 설명이 쓰여 있죠*. 저는 그런 안내판을 끝까지 읽은 적이 없습니다. 대부분 '정보'의 나열이라서 읽어도 재미없어요.

메이지신궁 외원에는 은행나무 가로수길의 설명을 적은 이런 간판이 있습니다.

Bad !

○ 은행나무(은행·공손수)

은행나무는 현존하는 가장 오래된 유사 이전 식물 중 하나입니다. 지질학상 중생대 쥐라기(1억 5천만 년 전 거대한 공룡이 살던 시대)에 지구상에 널리 분포하며 번성했던 식물입니다. 따라서 은행나무의 화석은 극지에서부터 남북 양반구, 중국, 일본에서도 발견됩니다. 빙하기가 오면서 여러 지역에서 은행나무가 멸종되었지만, 온난한 기후를 유지한 중국에서는 멸종하지 않고 계속 번

* 사카모토 료마는 메이지 유신을 주도하며 일본의 근대화를 이끈 사상가, 다테 마사무네는 일본 센고쿠 시대의 유명한 무장이다.

식했습니다.

일본의 은행나무는 중국에서 건너온 수종으로 지금은 가로수, 방화수, 정원수로 널리 심기고 있으며, '도쿄도의 나무'이기도 합니다. 현재 동남아시아 이외에서는 많이 심지 않습니다.

○ 가로수는 총 146그루(수나무 44그루, 암나무 102그루)

읽어보면 꽤 재미있는 이야기죠. 다만 완급 조절 없는 단순 '정보 나열'로만 보여서 지루합니다. 어떻게 바꾸면 읽는 이가 이탈하지 않는 글이 될까요?

문장에 율동감을 넣는다

우선 문장에 활기를 줍시다. 단조로운 글에 '율동감'을 넣는 것입니다.

저는 포스트를 쓸 때, 스마트폰 화면을 한 번 스크롤하는 범위 내에 '제목'과 '굵은 글씨' 또는 '컬러'를 넣으려고 합니다.

앞서 설명한 '글의 디자인'과 겹치는 부분이 있는데, 언뜻 봤을 때 문자가 눈에 들어오는 게 중요합니다. 순간적으로 '읽기 쉬워 보이는데?'라고 느끼도록 유도해야 합니다.

재치 있는 제목을 붙이고, 어려운 단어를 줄이고, 쉽게 풀어 쓰고, 행갈이와 굵은 글씨 또는 컬러로 활기 있게 율동감을 넣습니다. 그러면 이렇게 됩니다.

`Good !`

공룡 시대부터 존재했던 '은행나무'

은행나무는 지금 세상에 존재하는 식물 중에서 가장 오래된 식물 중 하나입니다.

1억 5천만 년 전, 거대한 공룡이 살던 시대에 널리 번성했습니다. 은행나무 화석은 북극, 남극부터 중국, 일본에서도 발견됩니다.

빙하기가 와서 여러 지역에서 은행나무가 멸종했습니다. 그래도 기후가 따뜻했던 중국에서 살아남았습니다.

일본의 은행나무는 중국에서 왔습니다. 지금은 가로수

나 방화수, 정원수로 많이 심습니다. '도쿄도의 나무'이기도 합니다. 현재 동남아시아 이외에는 은행나무를 많이 심지 않습니다. 이곳 가로수는 총 146그루(수나무 44그루, 암나무 102그루)입니다.

어떤가요? 이 정도라면 잠깐 멈춰 서서 읽을 마음이 들지 않나요? 제목, 행갈이, 글자 색상, 간단한 표현. 겨우 이 정도만 다듬었는데 읽어주는 사람이 몇 배로 늘어난다면 완전 이득입니다.

정보에 감정을 싣는다

재미란 무엇일까요?

저는 '감정이 움직이는 것'이라고 나름대로 정의합니다. 웃고 울고 무섭고 용기가 나고……. 재미를 추구한다면, 어떻게든 읽는 이의 감정을 움직여야 합니다.

은행나무 간판도 단순히 정보 나열로 보이지만 읽다 보면 '감동적인' 포인트가 몇 군데 있습니다. 그 점을 강조하면 재미있어집니다.

- 은행나무는 공룡 시대부터 있었다.
- 은행나무는 지금 존재하는 식물 중 가장 오래된 식물 중 하나다.
- 빙하기가 와서 여러 지역에서 은행나무가 멸종했으나 중국에서는 살아남았다.

이런 부분이 '오호라' 싶은 포인트입니다. 이 감동적인 포인트, '오호라 포인트'가 잘 전달되도록 글을 설계하는 것이 중요합니다.

재미있는 글은
'공감이 80퍼센트, 발견이 20퍼센트'

 잔혹한 진실이 있습니다. '재미있는 글은 내용이 재미있다'는 사실이죠.

 내용이 아니라 표현과 묘사, 분위기로 재미를 연출하는 사람도 있습니다. 다만 난이도가 높아서 프로에게도 어려운 일입니다.

 글쓰기의 프로가 아닌 우리가 재미있는 글을 쓰려면 내용에 모든 걸 걸어야 합니다. 그렇기에 1장에서 우선 취재하자고, 재료가 없으면 맛있는 초밥을 만들 수 없다고 주장했죠.

 그렇다고 재미있는 글감이 매번 쉽게 눈에 보이는 게 아닙니다. 그렇다면 어떻게 하면 좋을까요?

재미있는 문장에는 어떤 새로운 정보가 들어 있습니다.

그렇다고 '과연!', '오오!' 이런 문장으로만 이어지는 글은 읽다가 지칩니다.

예를 들면 이런 글입니다.

Bad !

파푸아뉴기니는 남태평양 뉴기니섬 동쪽과 주변 섬들로 이루어진 입헌군주제 국가입니다. 동남아국가연합(ASEAN)의 특별 옵서버인데, 지리적으로는 오세아니아에 속합니다. 오스트리아 북쪽, 솔로몬 제도 서쪽, 인도네시아 동쪽, 미크로네시아 연방 남쪽에 있습니다.

'파푸아뉴기니'를 설명한 위키피디아를 약간 손본 글입니다. 지리를 잘 모르는 사람에게는 새로운 정보가 가득하죠. 그래도 이 글을 보며 '음음, 이거 아주 재미있군'이라고 생각되진 않습니다. 고유명사가 잔뜩 나와서 따라가기 힘드니까요.

자, 이런 글은 어떨까요?

'파푸아뉴기니'에 대해 들어본 적 있나요?

어디에 있는 나라인지 아세요? 지도로 보면 오스트레일리아 위에 위치합니다.

30대 후반 중에는 〈파푸아〉라는 만화를 떠올리는 사람도 있겠어요. '남쪽의 따뜻한 나라'라는 이미지를 품은 사람도 많을 겁니다.

사실 이 나라, 제2차 세계대전 전까지는 '파푸아'와 '뉴기니'라는 두 지역으로 나뉘었습니다. 전시 중에 일본군과 연합군이 이곳에서 싸움을 벌여 약 21만 명이나 되는 병사가 전사했죠. 종전 후에는 두 영토를 통합해 '파푸아뉴기니'라고 부르게 되었답니다.

이 글이 더 재미있지 않나요?

제가 하고 싶은 말은, 재미있는 글의 80퍼센트 정도는 새로운 정보가 아니라는 것입니다.

'파푸아뉴기니'를 들어본 적 있나요?

어디에 있는 나라인지 아세요? 지도로 보면 오스트레일리아 위에 위치합니다.

30대 후반 중에는 〈파푸아〉라는 만화를 떠올리는 사람도 있겠어요. '남쪽의 따뜻한 나라'라는 이미지를 품는 사람도 많을 겁니다.

이런 부분은 새로운 정보가 아닙니다. 솔직히 말해서 재미없어서 이런 부분이 길어지면 오히려 글이 지겹습니다.

다만 이런 문장은 '글쓴이와 읽는 이 사이의 거리'를 좁혀주는 효과가 있습니다.

따라서 이후에 나오는

- 제2차 세계대전 전까지는 '파푸아'와 '뉴기니'라는 두 지역으로 나뉘었다.
- 일본군과 연합군이 이곳에서 싸움을 벌여 약 21만 명이나 되는 병사가 전사했다.

라는 '새로운 발견'이 돋보이면서 전달력이 높아집니다.

이렇게 '파푸아뉴기니가 어디더라?', '아, 파푸아, 그 만화가 떠오르네'와 같은 '공감'으로 끌어들이고, 남은 10~20퍼센트로 '그랬구나!', '과연!'이라는 반응을 유도합니다. 이렇게 하면 '새로운 개념 · 사건 · 정보'가 많지 않아도 어렵지 않게 '재미있는 글'을 만들 수 있습니다.

'재미있는 글을 쓴다'고 해서 내용을 '100퍼센트 재미있는 것들'로 만들지 않아도 됩니다. '공감 80퍼센트, 발견 20퍼센트'를 목표로 구성하는 것이 좋아요.

'공감'을 입구로 삼는다

'공감'은 아주 중요한 요소입니다.

개그를 칠 때도 사람들이 공감하는 내용일수록 잘 먹히죠. 어느 시대나 '맞아, 맞아'라는 감정은 강렬합니다. 사람은 '공감'을 갈구하는 생물이에요.

술자리를 마치고 관계가 애매한 지인과 같은 방향으로

가는 게 괴로워서 "나는 편의점에 들렀다가 갈게"라고 말했더니 "아, 나도 갈래"라며 따라오면 허둥거리게 된다.

낯가리는 사람이라면 '맞아, 맞아'하고 공감할 겁니다. 일단 공감하게 되면 독자가 '아, 이 사람은 나랑 감각이 비슷하네'라고 생각해 줍니다. '이 사람은 나를 이해하는 것 같아'라고요. 그러면 독자는 작가를 신뢰하게 됩니다.

재미있는 글을 쓰고 싶다면 평소 '공감을 부르는 글감'을 넉넉히 쌓아두는 게 좋겠죠. '이런 대화를 자주 듣는 것 같네?', '이런 사람, 은근히 많네' 이런 생각이 들었다면 아무리 사소한 내용이라도 좋으니 메모합시다.

저는 책을 편집할 때도 이 '공감과 발견'의 균형을 의식합니다. 책은 보통 공감과 발견의 비율이 '6:4'이거나 '5:5' 정도인데, 발견만 잔뜩인 책은 읽다가 지치고 공감만 잔뜩인 책은 또 읽다가 질립니다. 그래서 이 2가지의 균형을 생각해야 하죠.

이와 비슷하게 '독자의 기대에 부응하는 부분'과 '기대를 뛰어넘는 부분'을 균형 있게 조합하려고 의식합니다.

다들 '호리에몽이 이런 걸 말해주면 좋겠어'나 '개그 콤비 오리엔탈 라디오Oriental Radio의 나카타 아츠히코中田敦彦가 이런 걸 말해주면 좋겠어'라고, 상대방에게 암묵적인 '기대'를 품곤 합니다.

그런 기대에 순순히 부응해 주어도 '재미'로 이어집니다. 드라마 속 암행어사가 꼭 긴박한 상황에 이르러서야 마패를 보여주는 것처럼 미리 약속된 것에도 가치가 있습니다.

비즈니스 관련 서적을 읽으면 '인사는 잘하는 게 좋다' 같은 뻔한 항목이 등장하지요. 예전부터 당연하게 듣던 말입니다. 그런 내용을 보면 "요즘 세상에 뻔한 소리나 하다니 이런 건 제대로 된 콘텐츠가 아니잖아"라고 투덜거리는 독자도 있습니다. 사실 이런 뻔한 내용도 일부러 언급해서 독자의 기대에 부응한 것입니다.

'그 사람이 말해주기를 바라는 것'은 훌륭한 콘텐츠입니다.

비즈니스 서적의 80퍼센트는 이미 다 아는 내용입니다. 신선함이나 기발함은 없을지도 몰라요. 그래도 그런 내용을 읽으면서 안도하는 사람도 많습니다. 자기계발서를 읽는 사람은 "꿈을 이룹시다!"라는 메시지를 듣고 싶으니까 읽어요. 약속된 것을 원하죠. 너무 새로운 정보로만 가득한 책에는 사람들이 이렇다 할 반응을 보이기 어렵습니다.

'공감 80퍼센트, 발견 20퍼센트'의 법칙은 인간관계에도 적용할 수 있습니다.

공통점이라곤 전혀 없고, 공감하기도 어려운 사람에게는 섣불리 다가가지 못해요. 멀리 떨어져서 지켜보는 건 재미있어도 친해지고 싶진 않다고 생각하는 사람이 대부분일 거예요. 그래도 80퍼센트 정도 나와 비슷한 와중에 20퍼센트 정도가 나와 다르거나 독특하다면 '재미있네', '친해지고 싶은데?'라는 생각이 듭니다.

반대로 나와 전혀 다른 사람은 친해질 수는 있어도 그다지 재미는 없을 겁니다.

완전히 새로운 정보로만 가득한 글은 '아주 기발한 사람'과 같아서 생각보다 인기가 없죠. 80퍼센트는 비슷한 말을 해서 '아, 맞아, 맞아', '인사는 중요하지', '꿈은 이루고 싶지' 하고 독자의 공감을 끌어내고, 남은 20퍼센트로 '인맥 따위는 필요 없다!' 같은 예상 밖의 정보를 드러내서 독자가 '오, 이건 신선하네!'라고 생각하게끔 합니다.

그러니 완전히 새로운 걸 쓰지 않아도 됩니다. 결론은 뻔해도 좋아요. 에피소드가 다르면 신선해 보이고, '누가 썼느냐'에 따라 메시지가 달라집니다.

독자의 '지적'을 앞서간다

재미있는 글, 마음이 움직이는 글은 '공감'의 힘을 잘 사용합니다.

독자가 글쓴이에게 공감하면 글쓴이의 문장 세계에 선뜻 들어와 줍니다.

이 책도 그렇습니다.

글쓰기, 너무 어렵지 않나요?

글을 쓰고 싶은 마음은 굴뚝 같은데 쓸 게 없어!

쓰기 시작해도 도중에 이게 뭔지 혼란스러워!

이 책은 이런 문장으로 시작하죠. 역시 공감의 힘을 이용한 것입니다. 이 문장 덕분에 독자는 '나도 글을 잘 못 쓰는데 그래도 쓸 수 있을까?', '오오, 이 사람, 내 마음을 알아주네!'라는 감정을 느낍니다.

무조건 상대방 처지에 서서 생각해 봅시다. 읽어주는 사람의 감정을 느껴봅시다.

지루하지 않게 잘 읽히는 글도 이 '공감'의 힘을 잘 사용합니다. 장황하게 개념적인 이야기가 이어진다 싶으면 이렇게 말합니다.

'아이고, 알았으니까 빨리 방법이나 알려주시지'라고 생각하실지 모르는데, 조금만 더 설명하겠습니다.

설명이 너무 길어질 때는 또 이렇게 말합니다.

설명이 너무 길어지죠. 그래도 이 부분이 핵심이니 집요하지만 반복해서 설명하겠습니다.

이런 식으로 '이렇게 생각하시죠? 하지만 그게 다 제

의도입니다' 하고 절묘한 타이밍에, 가능하면 독자보다 조금 앞서서 이런 문장을 넣으면 읽는 사람이 안심하고 읽을 수 있습니다.

저는 독자들이 글을 읽다가 중간에 일탈할까 봐 너무 두렵습니다. 언제나 '이쯤에서 포기할지도 모르겠어, 질릴지도 모르겠어'라고 고민합니다.

텔레비전 방송을 보면, 시청자가 지루할 즈음에 화제를 바꾸거나 '설마 이런 전개가!' 하는 자막이 나옵니다. 텔레비전 제작자도 시청자들로 하여금 채널을 바꾸지 않게 하려고 고민하는 거죠. 평범한 사람은 그렇게까지 할 필요는 없겠으나, 그런 마음가짐으로 문장을 엮어가면 훨씬 매력적인 글이 나옵니다.

독자의 마음에 다가가기. 독자가 공감할 수 있게 쓰기. 독자가 의문으로 여길 만한 점을 미리 언급하거나 일찌감치 회수하기. 그러면 마지막까지 읽어주는 '재미있는' 글이 완성될 거예요.

그 글에는
'하이라이트'가 있는가?

노래의 인상적인 부분을 보통 '사비'라고 하는데요, 말하자면 하이라이트죠.

마찬가지로 재미있는 글, 인상적인 글에도 '하이라이트'가 있습니다.

하이라이트란 '이 말을 하고 싶어!'라는 저자의 의도가 담긴 주요 메시지이자 '감동 포인트'입니다. 10만 자로 이루어진 책도, 140자로 이루어진 트윗도 이 '감동 포인트'가 있느냐 없느냐에 따라 글의 재미가 판가름 납니다.

이런 글이 있다고 해볼게요.

오늘은 태풍이 접근하는 탓인지 아니면 저기압 때문인지 몸이 무겁고 머리가 돌아가지 않고 일할 의욕도 안 생긴다. 나는 태풍을 핑계 삼아 할 일을 나중으로 미뤘다. 이 느슨한 성격은 아무리 시간이 지나도 고치지 못하겠다.

일기라면 이런 식으로 써도 괜찮습니다.

그러나 이 글에는 '하이라이트'가 없습니다. 그래서 무슨 말을 하고 싶은지 전달되지 않습니다.

주변 사람에게 이 글의 어디가 인상 깊냐고 물으면 "태풍이 접근하는 부분인가?", "느슨한 성격이라는 부분인가?"라고 감상이 여러 갈래로 갈릴 겁니다. 하이라이트 없는 글은 한 멜로디가 계속 반복되는 노래처럼 어렴풋한 인상만 줍니다.

'감동 포인트'를 만들자

앞의 글을 이렇게 바꿔볼게요.

`Good !`

태풍이 접근한다. 저기압이다. 몸은 무겁고 머리도 안 돌아간다. 이런 날은 의욕이 안 생긴다. 일도 전혀 진전이 없다.

그래도 인간은 늘 편해지려고 '변명을 찾는' 존재다. 어쩌면 '태풍이 다가오니까 의욕이 없는 것'이 아니라 '의욕이 없는 걸 태풍 탓으로 돌리는 것'일지도 모른다.

이 문장은 후반이 하이라이트죠.

'태풍이 다가오니까 의욕이 없는 것'이 아니라 '의욕이 없는 걸 태풍 탓으로 돌리는 것'일지도 모른다.

이 부분을 읽고 '그럴지도 모르겠다'라고 공감하는 사람도 있을 겁니다.

태풍이 접근한다. 저기압이다. 몸은 무겁고 머리도 안 돌아간다. 이런 날은 의욕이 안 생긴다. 일도 전혀 진전이 없다.

그래도 의욕이 없을 때야말로 일을 해야 한다.

의욕 넘칠 때 일이 잘되는 건 당연하다. 그러니 의욕 없을 때 일하는 습관을 들이면 그만큼 '기초'가 단단해진다. 의욕 없을 때일수록 일하는 것이 남들과 차별화되는 비결이다.

이 글은 '의욕이 없을 때야말로 일을 해야 한다'부터가 하이라이트입니다. 이 문장부터 방향을 틀어 후반의 교훈으로 연결합니다.

'이 글로 무슨 말을 하고 싶은가?', '어디가 감동 포인트인가?'라는 '하이라이트'를 의식하면 힘없는 문장을 해결할 수 있고 재미있는 글도 쉽게 쓸 수 있습니다.

'단언'이 재미로 이어진다

하이라이트를 만드는 요령은 '단언하기'입니다.

`Good !`

인간은 늘 편해지려고 '변명을 찾는' 존재다.

`Good !`

의욕이 없을 때야말로 일을 해야 한다.

이렇게 한 번쯤 단호하게 말합니다. 그러면 그 부분이 하이라이트가 되어 글에 힘이 생깁니다. 이때는 주저하면 안 돼요.

`Bad !`

인간에게는 다양한 측면이 있는데, 자기도 모르게 편함을 추구하는 사람도 많다. 편해지려고 변명을 찾는 것이 인간의 성질일지도 모른다.

Bad !

의욕 없을 때는 일할 생각이 도무지 들지 않는데, 그럴

때일수록 일을 하는 게 좋지 않을까 싶다.

의미는 같은데 이렇게 말하면 영 감질나죠. 물론 단언
했을 때 다소 불쾌하게 여기는 사람이 있거나 반론이 나
올까 우려될 겁니다. 그럴 때는 '당연히 모두가 그렇다는
건 아니지만'이나 '예외도 물론 있겠지만' 하고 보충 설명
하면 됩니다.

내게 커피는 없어서는 안 될 존재이니 '인생의 파트너'일

지도 몰라요.

↓

커피는 '인생의 파트너'입니다.

이렇게 꼭 한 번은 단언합니다. 용기를 내 과감하게 말하
면 글이 훨씬 재미있어집니다.

'고유명사'로
매력을 높인다

　많은 사람에게 글을 전달하려면 고유명사를 피하는 편이 좋다고 생각하는 사람도 있습니다. 보편적으로 써야 이해하기 쉽다고요. 그러나 실제로는 반대입니다. 고유명사를 넣으면 문장 매력이 훨씬 높아집니다.

　저는 주간지 『주간 문춘』에서 작가 하야시 마리코林眞理子 씨가 연재하는 「한밤중의 줄넘기」라는 제목의 칼럼을 좋아합니다. 하야시 씨의 칼럼에는 인물 이름이나 장소 같은 고유명사가 많이 나와요. 이런 식이죠.

`Good !`

신바시 연무장에 희극을 보러 갔다. 막간에 마쿠노우치

도시락을 먹는데 뒷자리에 앉은 여성의 대화 소리가 들렸다.

"지금 인터넷 뉴스를 봤는데, 사이조 히데키가 죽었다네?"

너무 놀라서 젓가락질이 멈췄다.

— 2019년 5월 31일 호에서

같은 내용을 평범한 사람이 일기로 쓰면 이렇게 되겠죠.

Bad !

어떤 극을 보러 갔을 때 일이다. 막간에 도시락을 먹는데 대화 소리가 들렸다. 사이조 히데키가 죽었다고 한다. 너무 놀라서 젓가락질이 멈췄다.

하야시 씨의 칼럼에는 '신바시 연무장', '마쿠노우치 도시락', '인터넷 뉴스' 같은 구체적인 이름이 잔뜩 나옵니다.

내용을 전달하는 목적으로는 '신바시 연무장' 같은 단어가 중요하지 않을 수도 있죠. 그래서 사람들은 '신바시 연무장이 뭔지 모르는 사람이 있을 테니까 삭제하자'라고 생각하기 쉽습니다. 그러나 이럴 때 일부러 구체적인 이름을 넣으면 매력적인 글이 됩니다.

고유명사를 최대한 많이 쓰기. "점심으로 중식을 먹었는데요"와 "점심으로 빌딩 1층에 있는 홍콩반점에서 짜장면 세트를 먹었는데요"라는 말은 느낌이 전혀 다릅니다. 보통 후자에 감정이 움직이죠.

'나만이 알 수 있는 정보'를 넣는다

고유명사는 나만 아는 정보입니다. '중식당'이 아니라 '홍콩반점', '과자'가 아니라 '엄마손파이'라고 명확하게 쓰면 재미있어집니다. '할인권'보다 '아웃백 할인 쿠폰'이라고 쓰는 게 훨씬 재미있습니다.

'나만이 쓸 수 있는 것'을 쓰기 위해서라도 고유명사를 사용해 보세요.

저도 귀찮아서 '이런저런'이나 '다양한' 같은 표현을 자주 씁니다. 이런 표현도 구체적인 이름이나 숫자를 넣는 편이 좋겠죠.

Bad !

오늘은 이런저런 회의가 있어서 상당히 늦은 시간까지 야근했다.

이보다는,

Good !

오늘은 제1영업부 회의가 3건, 점심은 다나카 과장과의 1 대 1 식사, 오후에는 클라이언트와 미팅이 4건 있었다. 엑셀로 매출 데이터를 정리하기 시작한 시각이 오후 5시. 결국 밤 10시까지 야근했다.

이쪽이 나만 쓸 수 있는 문장이죠.

〈신룡의 연구紳竜の研究〉라는 DVD가 있습니다.

영화배우이자 코미디언인 시마다 신스케島田紳助 씨가 젊은 개그맨에게 '어떻게 해야 인기를 얻는가?'에 대해 강의하는 모습을 촬영한 것이죠. 거기에 이런 이야기가 나옵니다.

코미디언 오루 교진オ–ル巨人 씨쯤 되는 거장이 "얼마 전에 길을 걷는데 돈이 떨어져 있더라고요"라고 말하면 다들 믿지. 교진 씨가 하는 말이니까 그렇겠다고 생각해. 교진 씨는 이미 신뢰할 만한 대상이니까 이야기에 현실성이 있어. 그러니까 다음 이야기에 몰입하기도 쉽고 필연적으로 재미있어져.

한편 생판 모르는 젊은 코미디언이 무대에 서서 "얼마 전에 길에 돈이 떨어져 있었는데요……"라고 해도 아무도 믿어주지 않아. 현실성이 느껴지지 않으니까 이후의 만담도 재미없어.

이런 내용이었습니다.

신용을 얻으려면 어떻게 해야 할까요? 신스케 씨는 '나만 아는 사실'을 전달하는 것이라고 말했습니다.

Good !

"얼마 전에 도톤보리를 걷는 중에요, 비가 내리다 그쳐서 길바닥이 젖어 있었는데 거기 10만 원권이 떨어져 있었어요. 이렇게 찰싹 붙어 있었다니까요."

이렇게 말하면 그가 말한 풍경이 생생하게 떠올라 무명 코미디언의 말이라도 믿게 됩니다. 이어지는 이야기도 손님들의 마음을 파고들 테니 재미있을 수밖에 없습니다.

나만 아는 정보를 전달하면 현실성이 생겨서 재미있어져요. 글 역시 마찬가지입니다. '길바닥이 젖어서 10만 원권이 찰싹 붙어 있었다'라는 묘사는 그때 거기에 있던 나만이 쓸 수 있습니다. 단순히 '돈이 떨어져 있었다'라고 할 것인가 '찰싹 붙어 있었다'라고 할 것인가. 약간의 디테일만 첨가해도 글의 인상이 전혀 달라집니다.

'서두'에서
선제 주먹을 날린다

　앞서 '하이라이트를 만들자'라고 설명했는데, 모처럼 준비한 하이라이트에 도달하기도 전에 독자가 이탈하면 의미가 없겠죠.

　콘텐츠가 이렇게 차고 넘치는 세상에서 주목받기 위한 제일 효과적인 방법은 '첫 문장으로 사로잡기'입니다. 같은 내용을 전달할 때도 서두에서 선제 주먹을 날리면 독자가 읽어줄 확률이 높아져요.

　저는 140자 트윗을 쓸 때도 이 '서두'를 고려합니다. 지금까지 많은 사람이 읽어준 트윗도 '첫 문장'으로 시선을 사로잡았죠.

급료는 마약이다.

매일 정해진 날에 돈이 들어오는 것은 형언할 수 없는 안도감을 준다. 이걸 끊어내기란 정말이지 쉽지 않다. 나도 그만두려고 마음먹기까지 많은 시간이 필요했다.

돈은 중요하다. 다만 시간은 더 중요하다. 내가 '후회하지 않을 선택'을 하는 것이 중요했다.

이 글은 '급료는 마약이다'라는 강렬한 문장으로 선제주먹을 날렸습니다.

다만 이것만으로는 오해를 초래할 수 있죠. '급료를 마약으로 주는 회사가 있나?'라고 생각하는 사람이 있을지도요(음, 없겠죠?). 그래서 두 번째 줄부터 자세한 설명을 이어갑니다.

자세한 설명을 먼저 한 후에 강렬한 문장을 쓰는 사람도 종종 있는데, 이 순서를 바꾸는 편이 더 효과적입니다. 우선 순간적으로 '무슨 소리지?' 하고 놀라게 한 다음에 꼼꼼하게 해설을 덧붙이는 방식입니다.

물론 문장이 강렬하기만 하면 된다는 뜻은 아닙니다.

잘 생각해서 알맞게 조절해야 하죠. 마약, 살인, 범죄 같은 강한 단어를 잘못 사용하면 읽는 사람을 불쾌하게 할 뿐입니다.

강렬한 단어는 매콤한 고춧가루와 같습니다. 너무 많이 넣으면 탈이 나요. 어디까지나 독자를 놀라게 하는 용도이니 쓸 때도 정확히 포인트를 잡아서 써야 합니다. 강렬한 단어 다음에 모두가 받아들일 옳은 말을 하면 균형감이 잡혀서 효과적이죠.

'독자의 이점'을 가장 먼저 제시한다

'이 글을 읽으면 과연 무엇이 좋은가?' 이렇게 읽는 이가 누리게 될 이점을 가장 먼저 제시하는 방법도 효과적입니다.

`Good !`

일 잘하는 사람, 부유한 사람의 공통점은 '싫은 것은 싫다고 말하기', '원하는 것을 확실하게 말하기'라는 2가지 능력을 갖춘 것이다. 평범한 사람은 상대방의 기분을 너무 신경 쓰거나 눈치를 보거나 겁을 먹어서 입을 꾹 다문다. 그러고는 술자리에서 "왜 일이 잘 안 풀리지?"라고 투덜거린다.

Good !

일 잘하는 사람은 '고집스러움'과 '솔직함'의 균형이 절묘하다. 자기 특기 분야에는 이상할 정도로 '고집불통'처럼 굴면서 그렇지 않은 분야는 얼마든지 남에게 맡기고 조언을 듣는 '솔직함'이 있다. 어디에 힘을 주고 어디에서 느슨해질지를 능숙하게 조절한다.

독자는 이 2가지 글의 서두를 보고 먼저 '일 잘하는 방법을 알려주나?' 혹은 '부자가 되는 방법을 알려주나?'라고 기대하겠죠. 사람은 자기에게 득이 될 일에 관심을 가지니까 읽어줄 가능성이 커집니다.

어디, 문장 순서를 바꿔볼까요.

Bad !

평범한 사람은 상대방의 기분을 너무 신경 쓰거나 눈치를 보거나 겁을 먹어서 입을 꾹 다문다. 그러고서 술자리에서 "왜 일이 잘 안 풀리지?"라고 투덜거린다. 일 잘하는 사람, 부자인 사람의 공통점은 '싫은 것은 싫다고 말하기', '원하는 것을 확실하게 말하기'라는 2가지 능력을 갖춘 것이다.

순서를 바꾸면 첫 문장이 주는 충격이 미미해서 끝까지 읽지 않습니다. 요즘 시대, '끝까지 읽으면 이해할 거다'라는 사고방식은 먹히지 않아요.

인터넷에 글을 올린다면 브라우저 너머, 스마트폰 너머의 사람이 무슨 생각을 하는지 상상하고, 그 사람에게 먼저 무슨 말을 하면 감동을 줄 수 있을지 생각해야 합니다.

나아가 긴 글을 쓸 때는 서두뿐 아니라 곳곳에 '하이라이트'를 넣어 독자가 지겹지 않게 해야 하죠.

완급 없고 재미없는 글은 '가장 기본적인 피자'입니다. 다른 재료 없이 치즈와 소스만 들었죠. 있으면 먹긴 해도 별로 인상 깊지 않아요.

· 재미있는 문장에는 '하이라이트'가 흩어져 있다 ·

기본 피자

하이라이트 없는
밋밋한 글

미묘하다. 도중에 질린다.

재료를 잔뜩 얹은 피자

하이라이트가
여기저기 있어서
지루하지 않은 글

하이라이트

하이라이트

재밌네! 마지막까지 질리지 않는다.

깊은 인상을 주고 싶다면 해산물 같은 특별한 토핑을 올리거나 향신료를 잘 발라서 종합적으로 맛있는 피자를 만들어야 합니다.

글의 수준을
한 단계 높여주는 도구들

재료가 풍부한 피자처럼 질리지 않는 글을 쓰고 싶다면 어떻게 해야 할까요? '하이라이트 만들기' 이외에 재미있는 글에 가까워지는 방법을 몇 가지 소개하겠습니다.

신체 감각을 동반한 표현을 한다

Good !

목표였던 사구에 도착했으니 이제 충분하다. 남자는 물통의 물을 머금고, 이어서 입 안 가득 바람을 머금었는데 투명해 보이던 바람이 입 안에서 꺼끌거렸다.

작가 아베 고보安部公房의 작품 『모래의 여자』 속 한 구절입니다.

곤충 채집을 하러 간 남자가 사구에 도착한 묘사인데, 모래 섞인 기분 나쁜 공기가 어떤 느낌인지 곧바로 전달되죠. 이 신체 감각과 함께 독자는 기분 나쁘고 불쾌한 모래 세계로 들어갑니다.

또 이건 주의해야 하는 문장인데,

Good !

당신은 알루미늄 포일을 입에 넣고 어금니로 꼭꼭 씹었습니다.

이런 글을 보면 정말 끔찍한 느낌이 들죠.

신체 감각을 동반하면 몸이 곧바로 반응하기에 감정 이입하기도 쉬워집니다. 더 좋은 표현이 없을지 찾고 있다면 신체 감각을 동반한 표현을 찾아보세요. 예를 들면 이런 식입니다.

금액이 비싸서 너무 놀랐습니다.

↓

금액을 보고 눈이 튀어나올 뻔했습니다.

책을 펼쳤다가 우연히 그 단어를 발견하고 몹시 감동했습니다.

↓

책을 펼쳤는데, 한 단어가 갑자기 내 멱살을 붙잡았습니다.

읽었을 때 몸 어딘가가 움찔거리는 표현을 넣으면 재미있는 글에 훌쩍 가까워집니다.

작은따옴표를 효과적으로 쓴다

저는 문장 부호 중에서 작은따옴표를 자주 씁니다.
작은따옴표의 역할은 크게 2가지입니다.
하나는 혼잣말이나 생각. 또 하나는 분할과 강조입니다.

Good !

Good !

오늘 들은 이야기 중 '과연!'이라고 생각한 부분은, 사람은 바쁘거나 불안해서 멘털이 무너지는 것이 아니라 '어디로 가는지 잘 모를 때' 멘털이 약해진다는 이야기다. 목표하는 지점이 분명하게 있고 그곳을 향해 확실히 나아간다면 조금 바빠도 건전한 멘털을 유지할 수 있다.

첫 번째 '과연!'은 혼잣말이죠. 이렇게 작은따옴표를 써서 혼잣말이나 생각을 넣으면 읽는 이가 공감하기 쉬워집니다.

후자의 '어디로 가는지 잘 모를 때'의 작은따옴표는 강조입니다. 다른 것과 구별해 '여기가 포인트예요!'라고 보여주기 위해 작은따옴표를 씁니다. 독자의 시선을 잠깐 붙들어 두는 것이죠.

작은따옴표가 없으면 어떨까요?

Bad !

오늘 들은 이야기 중 과연이라고 생각한 부분은, 사람은 바쁘거나 불안해서 멘털이 무너지는 것이 아니라 어디로 가는지 잘 모를 때 멘털이 약해진다는 이야기다.

글이 늘어지는 인상입니다. 어딜 강조하고 싶은지 잘 모르겠죠.

참고로 작은따옴표는 효과적인 도구지만 너무 많이 쓰면 안 됩니다. 너무 과하면 기대한 효과도 낮아지고, 읽을 때 턱턱 걸리는 글이 됩니다.

'비유'의
달인이 되자

'비유'도 문장에 매력을 더해주는 좋은 방법입니다.

추상적인 이해를 넘어 머릿속에 이미지를 만들어주기 때문에 훨씬 실감나게 읽히죠.

이런 문장을 예로 들어보겠습니다.

`Good !`

대단한 사람과 일하고 싶다고 해서 대단한 사람에게 접근해 봤자 무의미하다.

강연회나 토크 이벤트에서 그런 사람과 인사를 나눠봤자 일을 받는다는 보장이 없다.

대단한 사람은 말하자면 '구름 위 산꼭대기 근처'에 있다. 우리가 산기슭에 접근해 봤자 보이지도 않는다.

우리가 할 일은 '자기만의 산을 오르는 것'이다. 다시 말해 실력을 갈고닦는 것이다.

산을 올라가 구름 위로 고개를 내밀 때, 대단한 사람이 자연스럽게 우리를 발견하게 된다. 그러니 우선 자기만의 산을 오르자.

요점은 '대단한 사람에게 다가가려 하지 말고, 자기 실력을 갖추자'인데, 산을 비유로 든 덕분에 훨씬 상상하기 쉬워졌습니다.

추상적인 설명으로만 끝내면 머릿속에 남는 게 없습니다. 위의 글은 산, 구름, 산기슭 등 구체적으로 상상할 수 있는 단어가 있으니까 '아하, 그렇군' 하게 됩니다.

적절한 '비유'는 독창성을 부여합니다.

새로운 사상이나 생각, 아이디어, 이론을 만들고 싶어도 인류의 긴 역사를 살펴보면 대부분 이미 있는 것들입니다. 앞서 설명한 '대단한 사람에게 다가가려 하지 말고, 자기 실력을 갖추자'도 이미 누군가가 한 말일 테죠.

그런데 나만의 '비유'를 찾을 수 있다면 새로운 것이 됩니다. 나만의 콘텐츠가 됩니다. 그건 곧 개성이 됩니다.

구조가 비슷한 것을 찾아 서랍에 넣어두자

비유를 잘하려면 어떻게 해야 할까요?

일단 '이건 뭐랑 비슷할까?', '이건 무엇에 비유할 수 있을까?'를 항상 생각하는 습관을 들입니다. 저도 평소 트위터를 하면서 더 재미있게 말하는 방법에 대해 생각하는 습관을 들였어요.

`Good !`

'당장 하기'는 그 자체만으로도 가치가 있다.

시간을 들이면 들일수록, 마감을 미루면 미룰수록 시간에 '이자'가 붙는 것 같다. 원래 100을 돌려주면 되는데 미루면 120, 130을 돌려줘야 한다.

그러나 당장 하는 사람은 시간 이자 때문에 빚더미에 앉지 않는다.

이 글은 '돈과 시간은 구조가 비슷하다는 것'을 깨달은 덕분에 쓸 수 있었습니다.

이메일을 받고 바로 답을 보내면 '알겠습니다'로 끝인데, 2~3일 후에 답하려면 '답변이 늦어서 죄송합니다. 요 며칠간 일이 좀 바빠서……' 같은 괜한 문장을 덧붙여야 하죠. 이것이 빚을 늦게 갚아 이자가 불어나는 것과 비슷하다고 생각했어요.

Good!

10년 후에 이곳을 숲으로 만들고 싶다면 당장 묘목을 심어야 한다.

그러나 확신이 없거나 불안하다는 이유로 '언젠가 여기가 숲이 되면 좋겠네'라고 생각만 하면서 움직이지 않는다. "나무가 자라면 그 후에 생각해야지" 같은 소리나 한다.

10년 후를 생각한다면 지금 묘목을 심어야 한다. 숲은 하루아침에 만들어지지 않는다.

큰일을 해내는 것과 긴 시간이 지나야만 만들어지는

'숲'에 유사한 점이 있다고 생각해서 쓴 트윗입니다. 비유 대상과 비슷한 부분이 많으면 독자가 수긍할 수 있는 글이 완성됩니다.

반경 3미터 내의 것으로 비유하자

비유할 때는 최대한 많은 사람이 상상할 수 있는 비유를 드는 게 좋죠. 가능하면 반경 3미터 이내의 가까운 것으로 비유하면 많은 사람이 쉽게 감정 이입할 수 있습니다.

Good !

규칙 없는 조직은 자유로워 보이지만 사실은 스트레스가 가득하다. 신호 없는 교차로나 마찬가지다. 다들 계속 신경 써야 하니까 전진도 정지도 원활하지 않다. 그런 조직은 보통 '케이스 바이 케이스로 대처하기'가 일상이다. 그러니 도무지 안심할 수 없다.

이 글에도 '신호', '교차로' 같은 가까운 존재를 가져왔습니다. 무언가를 설명할 때는 '이거 뭐랑 비슷하지?'를 생각해 봅시다.

참고로 가장 많이 비유되는 대상은 페트병 생수 아닐까요. 회의하러 들어가면 보통 책상에 놓여 있으니까요.

"예를 들어 이 물 말인데요, 라벨을 감추면 어디 건지 알 수 없죠?", "이건 단순한 물이지만 예전엔 이런 게 상품이 될 거라고 생각도 못 하지 않았습니까?" 이런 식으로 광고 크리에이터들만 해도 대략 5만 번쯤은 비유로 썼을 것입니다.

저는 텔레비전이나 영화를 보다가 '이거 그거랑 비슷하네' 싶은 생각이 들면 메모해 둡니다.

예전에 미개척지에 사는 부족을 만나러 가는 다큐멘터리를 본 적 있습니다. 스태프가 부족을 만나러 가면서 부족 언어로 "안녕하세요"라고 인사하는 것이 중요하다고 언급했어요. 그러지 않으면 적으로 여기고 공격한다고 합니다.

그때 저는 생각했습니다. '회사에서 인사하지 않는 사

람에게 적개심을 품는 거랑 비슷하네.' 그래서 '인사하지 않으면 적으로 여긴다'라고 메모해 두었습니다. 이렇게 메모해 두면 인사에 관한 글을 쓸 때 활용할 수 있죠.

'인사는 중요합니다'라고만 쓰면 '뭘 다 아는 소릴 하고 있냐, 멍청이'가 되니까요.

'미개척지의 부족도 인사를 하지 않으면 적으로 여긴다고 합니다. 인사는 사이가 좋아지는 만국 공통 도구입니다'라고 쓰면 설득력이 생기고, 독창성을 갖추게 됩니다.

'순서를 바꾸기'만 해도
인상이 달라진다

앞서 '결론부터 쓴다', '선제 주먹을 날린다'라는 내용을 설명했습니다. 요즘은 정보가 워낙 많아서 최대한 일찌감치 하고 싶은 말을 해야만 전달되니까요.

한편, 독자를 매료해서 붙들었다면 결론을 뒤로 미뤄서 강한 인상을 줄 수도 있습니다.

즉, 결론을 먼저 쓴다는 표면적인 이론에 집착하는 것이 아니라, 독자의 심리를 파악하며 어떤 순서로 문장을 엮어갈지 생각하는 것이 중요하다는 뜻입니다.

'순서'를 바꾸기만 해도 글의 매력이 전혀 달라져요.

다음 글을 예로 들어보죠.

Bad !

결혼식 아침, 아버지가 "잘됐구나"라고 말씀하셨어요.

아버지는 과묵하고 완고한 분입니다.

나는 도쿄로 상경한 후로 약 10년간, 아버지와는 대화를

나누지 않았습니다.

    제일 하고 싶은 말이 결혼식 아침 이야기니까 이런 순서로 배치했겠죠. 그런데 결혼식 아침 장면이 앞에서부터 툭 나오니까 그다지 인상적이지 않습니다. 그러다가 '아, 이 아버지는 평소에 별로 말이 없는 사람이구나, 아하⋯⋯' 정도로 끝날 겁니다.

    순서를 바꿔 이렇게 쓰면 어떨까요?

Good !

나는 도쿄로 상경한 후로 약 10년간, 아버지와는 대화를

나누지 않았습니다.

아버지는 과묵하고 완고한 분입니다.

그런 아버지가 결혼식 아침, 내게 "잘됐구나"라고 말씀

하셨어요.

과묵한 아버지. 약 10년간 대화도 없었던 아버지. 그런 아버지가 결혼식 날 아침에만 입을 열었습니다. 감동이 확 밀려오죠.

내용은 완전히 같은데 후자의 글은 다행스러운 감정이 묵직하게 실립니다. 하고 싶은 말이나 결론을 일부러 나중으로 미루면 그때까지의 복선이 회수되고 감동이 생깁니다.

'공감, 발견, 감동'으로 공유를 유도한다

많은 사람이 글을 읽어주는 방정식이 있습니다.
'공감 → 발견 → 감동'이죠.

저는 시키가쿠識学라는 컨설팅 회사의 정보 제공 서포트를 담당합니다. 그 업무의 일환으로 '일본경제신문' 전면 광고 메시지를 작성한 적 있습니다. 이 메시지가 '(결론 →) 공감 → 발견 → 감동'을 설명하기에 아주 좋아서 소개하겠습니다.

· 사원을 소중히 ·

이 세상에 '사원을 소중하게 여기기 싫은' 경영자는 없을 겁니다.

그러나 지금처럼 위기 상황일 때, 다시 한번 사원을 소중히 여긴다는 것의 의미를 생각해 보고 싶습니다.

사원을 소중히 여긴다는 것은 무엇일까요. 사원이 즐겁게 일하도록 하는 걸까요? 사원에게 동기나 꿈을 주는 걸까요?

저는 그렇지 않다고 생각합니다. 사원을 소중히 여기는 것은 오로지 단 하나, 사원을 성장시켜 '살아남는 힘'을 익히게 하는 것입니다.

부모는 자식을 소중히 여기기에 응석을 지나치게 받아주지 않고 키웁니다. 경영도 마찬가지입니다. 아무리 시대가 혹독해져도 힘차게 살아갈 수 있도록 사람과 조직을 키워야 한다, 저는 이렇게 생각합니다.

리더의 일은 '종업원 만족도'를 높이는 것이 아닙니다. '사원의 성장'을 책임져야 합니다.

정말로 '사원을 소중히 여기는' 경영자의 오랜 파트너가 되고 싶습니다.

우리 '시키가쿠'의 바람입니다.

서두의 '사원을 소중하게'가 곧 결론, 가장 말하고 싶은 바입니다.

그 문장에 이어서 독자의 마음을 사로잡기 위해 '공감'을 넣었습니다.

> 이 세상에 '사원을 소중하게 여기기 싫은' 경영자는 없을 겁니다.
> 그러나 지금처럼 위기 상황일 때, 다시 한번 사원을 소중히 여긴다는 것의 의미를 생각해 보고 싶습니다.

'사원을 소중하게'라는 제목을 보면 경영자 대부분은 제일 먼저 '당연한 소리지', '뭘 새삼스럽게?'라고 생각할 겁니다. 혹은 '상황이 이렇게 힘든데 이런 그럴싸한 소리나 늘어놓을 정신이 어디 있어'라고 분개할 사람도 있겠죠. 그러니 '물론 사원을 소중하게 여기기 싫은 경영자는 없죠?'라고 공감을 유도합니다. 그런 다음에 같이 '사원을 소중히 여긴다는 것의 의미를 생각해 봅시다'라고 요청합니다.

다음으로 '발견'입니다. 단순히 공감만 하는 메시지는 마음에 남지 않아요. 여기서 마음을 움직일 만한 '발견'이 필요합니다. 이 메시지는 이렇게 이어집니다.

사원을 소중히 여긴다는 것은 무엇일까요. 사원이 즐겁게 일하도록 하는 걸까요? 사원에게 동기나 꿈을 주는 걸까요?
저는 그렇지 않다고 생각합니다. 사원을 소중히 여기는 것은 오로지 단 하나, 사원을 성장시켜 '살아남는 힘'을 익히게 하는 것입니다.

'사원을 소중히 여기기'란 '응석을 받아주는 것'이 아니라 '살아남는 힘을 익히게 하는 것'이라고 말합니다. 이 정의를 읽으면서 무언가 '발견'을 하는 경영자도 있겠죠?

마지막으로 '감동'입니다. '발견'으로 끝나도 충분히 좋은 메시지지만, '다른 사람에게 말하고 싶다', '공유하고 싶다', '다시 읽고 싶다'의 수준에는 이르지 못합니다. 그러니 너무 꾸며낸 것 같지 않은 감동을 제공해야 하죠.

부모는 자식을 소중히 여기기에 응석을 지나치게 받아주지 않고 키웁니다. 경영도 마찬가지입니다. 아무리 시대가 혹독해져도 힘차게 살아갈 수 있도록 사람과 조직을 키워야 한다, 저는 이렇게 생각합니다.

리더의 일은 '종업원 만족도'를 높이는 것이 아닙니다.

'사원의 성장'을 책임져야 합니다.

정말로 '사원을 소중히 여기는' 경영자의 오랜 파트너가 되고 싶습니다.

우리 '시키가쿠'의 바람입니다.

이렇게 글을 이어가면 마음에 '뭉클'하게 무언가를 남길 수 있습니다.

레스토랑이나 마사지샵을 이용할 때도 '감동하는 수준'에 도달하면 입소문이 납니다. 단순히 놀라움과 발견을 넘어 가게를 나설 때 좋은 인상이 남았다면 "거기 참 좋더라"라고 말하고 싶어집니다. 마사지를 받은 다음 날 몸이 가뿐하면 "거기 마사지, 진짜 최고예요"라고 소문내고 싶어요. 감동을 느끼면 공유하고 싶어집니다.

긴 글을 쓸 때는
'어떤 감정이 들길 원하는가'를 생각한다

장문은 잘 못 쓰겠고, 글이 길수록 사람들이 읽어주지 않아서 고민인 사람도 많죠.

맞습니다. 장문을 끝까지 읽게 유도하는 것은 쉽지 않아요. 그래도 '요즘 사람들은 어떻게 생각할까?', '마지막에 어떤 감정을 느낄까?'를 생각하며 문장을 엮었다면, 글이 길어도 읽어줄 겁니다.

저는 책을 만들 때도 '이 책을 다 읽고 독자가 어떤 감정이 들길 원하는가'를 생각합니다. 읽은 후의 감상부터 거슬러 올라가 문장을 조합하죠.

디즈니랜드에는 다양한 놀이기구가 있습니다. 놀다가 지치면 레스토랑에서 쉴 수도 있죠. 도중에 퍼레이드도 있습니다. 집에 갈 시간이면 불꽃놀이도 볼 수 있고, 멋진 선물을 사서 여운을 느낄 수 있죠. 하루 종일 시간을 보내도 질리지 않고, 돌아온 후 친구에게 "진짜 좋았어"라고 말합니다.

재미있는 책은 디즈니랜드와 비슷합니다.

아무리 길어도 질리지 않아요. 모든 문장이 재미있는 '놀이기구'입니다. '아, 조금 지루한데', '음, 지친다' 싶을 때 깜짝 놀랄 장치가 나타납니다. 또 마지막 장이나 맺음 말로 감동을 주죠. 그래서 다른 사람에게 "이 책 좋더라"라고 공유합니다.

제목은
0.2초 승부

이번 장의 마무리로 '제목' 이야기를 해보겠습니다.

책에는 제목이 있습니다. 비즈니스 서적은 특히 제목으로 판매량이 좌우됩니다. note나 기획서, 이메일까지도 모든 글의 '제목'은 아주 중요합니다.

'제목'은 글과 만나는 첫 계기입니다.

사람들은 트위터를 쭉 훑어보다가 0.2초 정도의 짧은 시간 안에 무의식적으로 그 트윗을 읽을지 말지 판단합니다. 그렇다면 그 짧은 시간 안에 '뭐지?' 하고 생각하게끔 해서 읽게 유도해야 하죠.

그렇다면 어떤 제목을 달면 좋을까요?

'내용을 모르는 사람'의
시선을 사로잡는 제목

예전에 허핑턴포스트 일본어판 편집장인 라이언 다케시타竹下隆一郎 씨가 제게 책 제목을 상담한 적 있습니다. "지금 책을 쓰는 중인데, 제목을 『☆(별) 인맥법』이라고 할 생각이에요. 어떨까요?"라고요.

저는 제목을 듣고 어리둥절했습니다. 그래서 "그 별이 대체 무슨 의미죠?"라고 물었더니 이런 대답이 돌아왔습니다.

"앞으로는 두루두루 다양하게 친하게 지내지 않아도 돼요. 불편한 사람과는 무리해서 사귀지 않고 마음이 맞는 사람하고 친밀해지면 되죠. 모든 상대와 거리를 같은 간격으로 유지하는 '원형'이 아니라 사람마다 거리가 달라지는 '별형' 인맥을 구축하자는 내용입니다."

거기까지 듣고 '아하! 그렇구나!' 하고 생각했습니다.

다만 내용을 모르는 사람은 아마도 제목을 보고 '무슨 소리지?' 하게 되겠죠. 아니, 애초에 아무 생각 없이 지나칠 위험성이 큽니다.

『☆(별) 인맥법』은 내용을 아는 사람이라면 이해할 제목입니다. 그러나 책을 읽어주었으면 하는 사람은 '내용을 전혀 모르는 사람'이죠. 그러니 내용을 모르는 사람의 시선을 사로잡을 제목을 붙여야 합니다.

당연한 말인데도 편집자와 저자가 제목에 관해 몇 번이나 열띤 토론을 하다 보면 이를 깜박하기 쉽습니다.

제가 제목을 짓는다면 『낯가림이 심해도 인맥을 넓히는 방법』이나 『내향적인 사람을 위한 최강의 의사소통법』으로 할 겁니다. 이런 제목이라면 내용을 모르는 사람도 관심을 보일 테니까요.

'낯가림이 심한데 영업 일을 해야 하니까 인맥을 만들어야 하는' 사람은 많을 거예요. 게다가 저라면 사고 싶은 제목입니다(최종적으로 이 책은 『내향적인 사람을 위한 스탠퍼드식 핀포인트 인맥법』이라는 제목으로 출간했습니다*).

책 제목을 예시로 들었는데, 온라인에 올리는 포스트

등도 마찬가지입니다. 오히려 온라인이 더 치열한 전쟁터죠. 책이라면 디자인이나 띠지 카피 등으로 보충 설명할 수 있는데, 인터넷에서는 제목만으로 싸워야 해요. 제목을 보고 '의미를 모르겠네'가 되면, 모처럼 열심히 쓴 글도 독자들이 그냥 지나칩니다.

입구의 제목 vs 출구의 제목

지금까지 설명한 바를 쉽게 '입구의 제목을 붙이세요'라고 표현합니다. 책 기획이든 웹 기획이든 입구와 출구가 있습니다.

기획을 발제해서 '자, 이제부터 시작'인 단계가 '입구'입니다. 그 후 조사, 취재, 집필을 진행해 마지막 아웃풋을 하는 단계, 그것이 '출구'입니다.

사람들은 보통 '출구'에서 제목을 지으려고 해요. 이때

* 국내에는 『스탠퍼드는 명함을 돌리지 않는다』로 출간되었다.

취재나 집필 사이에 얻은 지식이나 생각을 제목에 반영합니다. 그러나 독자는 아직 입구에도 서지 않았는걸요. 그런 상황에서 출구의 제목을 들으면 무슨 말인가 싶을 거예요.

제목을 붙일 때는 기획을 전혀 모르는 사람, 흥미 없는 사람이라도 '이게 뭐지?', '궁금한데?'라고 생각하게 해야 합니다.

· 출구에서 붙인 제목에는 끌리지 않는다 ·

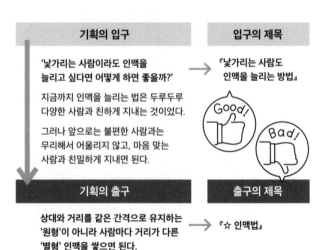

총론적인 제목을 붙이면 안 된다

총론 같은 제목을 붙이는 사람도 많습니다.

'이 글을 한마디로 표현한다면 뭘까?'를 고민해서 제목을 붙이면, 특색 없는 제목이 나오기 쉽습니다. 마음을 사로잡을 만한 것이 없을 테니까요. 독자를 끌어당기지 못하니까 당연히 많이 읽어주지 않습니다.

『동네 철물점은 왜 망하지 않는가?』라는 책이 있습니다. 일본에서는 누구나 아는, 출판 역사에 남을 히트작이죠.

이 책의 제목을 '총론'으로 붙인다면 '제일 알기 쉬운 회계 책'입니다. 그렇게 나쁜 제목은 아닐 겁니다. 회계를 쉽게 배우고 싶은 사람의 흥미를 끌 테니 수만 부는 팔렸을 거예요. 다만 지금처럼 100만 부 이상 팔리진 못했을 겁니다.

사실 '동네 철물점'에 관한 내용은 이 책의 일부분입니다. 그러나 '가장 재미있는 부분', '많은 사람의 흥미를 끄는 부분'을 제목으로 가지고 온 결과로 시장이 10배 이상 커졌습니다. '철물점'이 불러일으킨 흥미가 입구 역할을 해 결과적으로 100만 명 이상의 사람이 이 책으로 회계를 공부했습니다.

제일 알기 쉬운 회계 책(총론)

↓

동네 철물점은 왜 망하지 않는가?(제일 재미있는 부분)

'뭐야, 제목으로 낚시질하네?'라고 생각하는 사람도 있겠죠.

전체 내용을 모두 아우른 제목은 아니니 어떤 의미에서는 '낚시질'일 수 있어요. 그런데 '낚시질'이라고 비판받는 것은 제목과 전혀 다른 이야기를 썼거나, 책을 읽고 실망했을 때입니다. 그런 '낚시질'을 하면 신뢰를 잃습니다. 한편 내용이 좋고 결과적으로 회계를 공부할 수 있었다면 독자에게 도움이 되니 이건 좋은 '낚시질 제목'입니다.

일부러 독자의 흥미를 끌 제목으로 마음을 파고들어 전달하기 쉽지 않았던 메시지를 전달합니다. 목마로 속이고 병사를 들여보낸 '트로이 목마 작전'처럼 일부러 목적을 감추고 상대의 마음에 꽂힐 제목으로 공격합니다.

이 장에서 설명한 내용은 좀 더 매력적인 글로 만들기 위한 이런저런 도구입니다. 가장 중요한 것은 '내가 전달하고 싶은 것은 무엇인가?'를 명확하게 하고 그 점을 제대로 전달하는 것입니다. 핵심 없이 표면적인 테크닉만 활용하면 의미가 없습니다.

이렇게 하면
글이 재미있어진다

01 ....

'하이라이트(중요한 부분)', '공감 포인트'를 고려해 글을
구성한다.

02 ....

'비유'로 끌어들이고 작은따옴표나 하이라이트 표시를
효과적으로 사용한다.

03 ....

'공감 → 발견 → 감동'의 공식을 적용한다. 우리의 목표
는 디즈니랜드!

04 ....

내용을 모르는 독자의 흥미를 끄는 제목을 붙인다.

TIP 4

악용 금지!
사람을 세뇌하는 글을 만드는 법

저는 지금까지 다양한 비즈니스 서적이나 실용서를 만들었습니다. 이런 책은 소설이나 에세이와 달리 독자의 행동을 유도하는 것이 목적이죠.

지금까지 이런 책을 만들면서 사람을 '세뇌'하는……이렇게 말하면 듣기 좀 그렇겠지만, 사람을 움직이게 자극하는 글을 쓰는 요령을 알게 되었습니다.

이번에는 사람을 움직이는 글을 쓰는 요령을 알려드리죠. 당연히 악용하면 안 됩니다.

사람을 움직이는 글을 쓰려면, '공감'과 '꿈'을 절묘하게 엮으면 됩니다.

사람을 움직이기 위한 준비 단계가 '공감하기'입니다.

점쟁이처럼 "당신은 말하는 걸 어려워하는군요?", "당신은 지금 행복하지 않군요?"라고 말을 걸며 '공감'을 끌어냅니다. 공감을 통해 상대방은 '아, 이 사람은 나를 이해해 준다!', '이 사람의 말이라면 들어봐도 좋겠어'라고 생각합니다.

바로 이 타이밍에 '꿈'을 이야기합니다. 쉽게 설명하면 "이렇게 되면 좋겠죠?", "이렇게 되고 싶죠?"를 제시합니다. 다이어트 책이라면, 이런 문장으로 독자를 끌어들입니다.

매일 아침 저는 침대에서 벌떡 일어나요. 일어나는 게 정말 즐겁기 때문이죠.
몸은 어릴 적처럼 가볍고, 빨리 누군가와 만나고 싶어서 좀이 쑤신답니다.
밥맛도 좋고, 몸을 움직이면 기분 좋아요. 단장을 할 때도 살이 쪘을 때보다 10배는 더 즐거워요.

꿈, 선망, 동경하게 하기. '아아, 나도 이렇게 되면 좋겠다!'라는 생각을 유도합니다. "이쪽으로 오면 진짜 좋아요!"라고 독자를 다그치는 거죠.

다만 이렇게 동경하도록 유도하면, 독자는 이런 생각이 들기 시작합니다. '잠깐만, 나는 무리야. 이렇게는 못 할 거야. 이 사람이니까 할 수 있었던 거잖아.'

그때 얼른 '공감'을 가지고 옵니다.

> 지금 '나는 무리야'라고 생각하셨나요?
> 그래도 안심하세요! 5년 전에는 저 역시 여러분과 같은 상황이었어요. 여러분처럼 '어차피 나는 못 할 거야'라고 생각한 사람이었답니다.

이러면 '어라? 이 사람도 나랑 다르지 않았네?'라고 생각하게 되죠.

'공감'으로 독자와 같은 처지가 되어 '꿈'을 말하고, 의심한다 싶으면 그때그때 '공감'을 끼워 넣습니다. 이렇게 읽는 이의 마음을 사로잡으며 문장을 이어가면, 사람을 움직이는 글이 만들어집니다.

예시를 하나 들겠습니다.

여러분은 어떤 '수상쩍은 강연회'의 주최자입니다. 가능하면 많은 사람이 강연회에 와주면 좋겠다고 생각해요. 그럴 때, 이런 글로 홍보하면 사람이 올……지도 모릅니다.

공감

거기 당신, 인생을 바꾸고 싶다고 생각한 적 있나요?
인생은 단 한 번뿐이에요. 매일 똑같은 자리에 붙어 앉아 묵묵히 일을 해야 한다니. '5년 후, 10년 후에도 비슷비슷한 하루하루를 살고 있겠지……'라고 생각하면 지긋지긋하지 않나요?

꿈

안녕하십니까. '수상쩍은 강연회'의 ○○○입니다.
저는 매일 너무도 즐겁습니다. 돈 때문에 고민하는 일이 없고, 마음 내킬 때 외국 여행도 얼마든지 갈 수 있어요. 올해는 벌써 두 번이나 하와이에 다녀왔습니다. 자랑으로 들릴지도 모르겠네요. 그런데 이건 전혀 특별한 일이 아닙니다.

쓰는 게 힘들어

공감

저도 3년 전에는 이 글을 읽는 지금 당신과 같은 상황이었습니다.

매일 콩나물시루 같은 전철을 타고 출근해서 상사에게 혼나고 거래처에 사과하고…… 정말 지긋지긋했어요!

공감

그때 이 강연회를 알게 되었습니다. '뭐야, 수상한데? 요즘 유행하는 자기 계발 관련한 이야기인가?' 저도 반신반의하며 다니기 시작했는데, 그때 참여하길 잘했다고 진심으로 생각합니다. 겨우 3년 만에 참으로 행복하고 자유로운 인생을 손에 넣었으니까요.

꿈

만약 제 이야기를 믿어주신다면, 당신 앞에 전혀 다른 인생이 기다린다고 약속합니다. 한 번뿐인 인생인데 이대로 불만만 가득하게 살 생각인가요? 아니면 이번 기회를 토대로 삼아 최고의 인생으로 키를 틀겠습니까? 결정권은 당신에게 있습니다.

자, 먼저 마음 편히 상담해 보세요. 당신의 연락을 기다
리겠습니다.

어떻습니까?

적극적으로 호소할 때 '여러분'이 아니라 '당신'이라고 호
칭하는 것도 사소하긴 하나 중요합니다. 지금 눈앞의 '당신'
에게 하는 말입니다! 이런 분위기를 만들 수 있거든요.

공감을 사서 '이렇게 되면 좋겠다!'라는 꿈을 보여주고,
나아가 공감을 통해 데리고 가고 싶은 방향으로 끌고 가
기. 같은 내용을 말하더라도 이런 점을 염두에 두고 글을
쓰면 상대방에게 전달되는 수준이 달라질 겁니다.

마지막으로, 이런 수법으로 정말 '수상쩍은 강연회'에
끌어들이는 나쁜 사람도 있으니 조심하세요.

재미있는 글,
마음이 움직이는 글은

'공감'의 힘을
잘 사용합니다.

5장

계속하지 못해서
어려워

쓰기가

'습관'이 되는 방법

스키 타는 법을 알려주는 책을 읽어도
스키는 못 탄다

　지금까지 '읽히는 글', '재미있는 글' 쓰는 법을 설명했습니다.

　단, 아무리 노하우를 얻었다고 해도 '실제로 쓰고 다른 사람에게 읽게 해야' 실력이 쑥쑥 오릅니다. 한 번은 잘 써도 계속해서 쓰지 않으면 실력이 붙지 않아요. 스키 타는 법을 알려주는 책을 아무리 읽어도 스키 실력이 좋아지지 않는 것과 같습니다. 실제로 스키를 타고 넘어져 봐야 잘 타게 되죠.

　"그렇지만 계속 쓰지 못하겠어요……."
　"쓰는 습관을 들이려면 어떻게 해야 하죠……."

이런 사람에게 '트위터'를 추천합니다.

'갑자기 웬 트위터?' 싶을 텐데, 당연히 다른 사람이 올린 트윗을 보기만 하면 안 됩니다. '배고프다', '우리 부장, 진짜 짜증이야' 같은 트윗만 올려도 안 되고요.

제대로 된 글을 올리고 PDCA 사이클*을 돌립니다. 적절하게 사용하면 문장력을 높이는 데 트위터만큼 좋은 도구도 없어요.

마라톤을 달리고 싶다면
먼저 트위터라는 '산책'부터

책 같은 장문 쓰기를 '마라톤'이라고 하면, note나 블로그 같은 약간 긴 장문 쓰기는 '조깅'입니다. 트위터 같은 단문은 '산책'이라 볼 수 있죠.

마라톤을 완주하고 싶은 사람은 평소 조깅이나 산책하러 다닙니다. 매일 산책도 안 하는 사람이 갑자기 마라톤

---

* Plan 계획, Do 실행, Check 확인, Action 개선.

에 도전하면 아킬레스건에 무리가 가지 않을까요?

글쓰기도 마찬가지입니다. 단문을 쓰지 못하는 사람이 갑자기 장문을 쓰는 건 위험해요. 아무리 긴 글도 결국 짧은 문장의 집합체입니다. "나는 트위터 같은 게 아니라 제대로 된 글을 쓰고 싶다고요"라고 말하는 사람도 우선은 트위터로 '산책'부터 시작해 봅시다.

트위터에서 활동하며 '아하, 이런 걸 사람들이 원하는구나', '나는 이런 주제라면 즐겁게 글을 쓸 수 있구나'를 알았다면, 이번에는 그 주제로 note나 블로그를 써봅니다.

note나 블로그에서 인기를 얻으면, 어쩌면 웹 매체나 출판사에서 제안이 들어올지도 몰라요. 그러면 더 긴 글을 쓸 기회도 찾아옵니다.

처음부터 긴 글에 도전하지 말고 '단문 → 약간 장문 → 장문'으로 레벨을 조금씩 높이며 글쓰기를 몸에 익히는 편이 좋습니다.

성장에 따라 이름이 달라지는 물고기처럼

저는 뭔가 떠오르면 스마트폰에 메모합니다.

어차피 50억 년 후에 지구는 태양이 집어삼킬 테니 사이
좋게 지냅시다.

이건 얼마 전에 써둔 메모입니다.

지구 역사에 관한 책을 읽었는데 '50억 년 후에 지구는
태양에 삼켜진다'라는 설명을 보고 남겼어요.

'이 세계를 보면 미국과 중국이 어쩌느니, 이란이니 북
한이니, 우파니 좌파니 다투고 야단법석인데, 지금 아무
리 싸워도 최후엔 태양이 지구를 집어삼킬 텐데…… 그
전까지 다들 사이좋게 지내면 되잖아'라고 생각했습니다.

이렇게 어떤 생각이 들면 '언제 어디서 써먹을 수 있을
지도' 싶어서 메모해 둡니다. 그대로 잊어버린 글감도 많
은데, 사고가 더욱 진전되거나 다른 글감과 결합해서 하나
의 콘텐츠로 정리한 적도 있습니다. '이건 반응이 있을 것

· 성장에 따라 이름이 달라지는 물고기처럼
발상을 키운다 ·

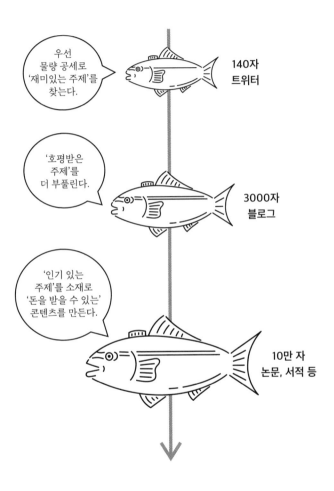

우선
물량 공세로
'재미있는 주제'를
찾는다.

140자
트위터

'호평받은
주제'를
더 부풀린다.

3000자
블로그

'인기 있는
주제'를 소재로
'돈을 받을 수 있는'
콘텐츠를 만든다.

10만 자
논문, 서적 등

같은데' 싶은 수준에 도달했다면, 140자로 정리해서 트윗을 올립니다. '좋아요'를 많이 받으면, 이번에는 블로그에 더 자세하게 적습니다.

이렇게 저는 사소한 발상을 '메모 → 트위터 → 블로그'로, 성장에 따라 이름이 달라지는 물고기처럼 키워가는 방법을 취합니다.

갑자기 블로그나 note에서 3천 자 정도 되는 글을 쓰려면 힘들어요. 게다가 고생은 고생대로 해서 썼는데 읽어주는 사람이 없으면 정신적인 충격이 큽니다. 그러니우선 트위터에서 '시장 조사'를 해서 '이 이야기라면 괜찮겠는데'라고 파악되면 장문에 도전합니다.

트위터는 '백화점 식품관의 시식 코너'

트위터의 타임라인은 '백화점 식품관의 시식 코너' 같습니다. 콘텐츠의 작은 단편이 잔뜩 있죠. 지나가던 손님은 그걸 보며 '음, 이건 맛있네', '이건 그냥 그래' 하고 시식합니다.

콘텐츠를 완성하면 우선 '시식 코너'에 놓아보세요. 그러면 손님이 재미있는지 없는지 판단해 줍니다.

해가 갈수록 정보가 늘어나니 경쟁은 점점 더 심해질 거예요. 그래도 복권을 아예 사지 않으면 당첨될 일도 없듯 경쟁에 뛰어들지 않으면 평생 아무것도 전달할 수 없어요. '어차피 나는 별로 말하고 싶은 게 없으니까'라고 포기하지 말고, 계속 도전하다 보면 예상치 못한 반응이 있을지도 몰라요.

나에게는 평범한 일도 다른 사람 눈에는 의외로 재미있을 수 있어요. 글로 쓰면서 새롭게 발견하는 것이 있을지도 모릅니다. 트윗 하나로 시작한 대화가 재미있는 기획으로 발전할 수도 있죠.

우선 많은 사람에게 '시식'을 권해보세요.

팔로워는
최강의 '편집자'

　작가 옆에는 편집자라는 조력자가 있지만 일반인에게
는 편집자가 없죠. "이거 재밌네요", "여긴 살짝 아쉬워요"
이런 조언을 해주는 사람이 없습니다.

　그런데 트위터를 하면 팔로워들이 '편집자' 역할을 해줍
니다. 트윗에 반응이 없으면 별로 재미없었던 거죠. 많이
리트윗되면 남들에게 보여줄 만큼 괜찮았다는 뜻이고요.
'좋아요'만 있으면 '그럭저럭 괜찮네', '나도 동감'이라는
뜻일 겁니다. 출판사 편집자처럼 정성껏 피드백을 해주
지는 않아도 재미있는지 없는지 반응을 보입니다. 그래서
팔로워는 화면 너머에 있는 '독자'이자 '편집자'입니다.

화면 너머의 사람은 무엇을 생각하는가

여러분이 글을 올릴 때, 화면 너머에는 살아 숨 쉬는 인간이 있습니다.

그러니 그들이 무슨 생각을 하는지, 어떤 것에 반응하는지 생각하면서 글을 쓰면 문장력이 좋아집니다.

회사를 그만두면 '인생이 곧 일'이 되기 쉬워요. 자유롭긴 한데, 문득 정신을 차리고 보면 계속 일 생각만 하죠. 프리랜서가 되거나 독립하고 싶더라도 일을 어지간히 좋아하지 않으면 어렵습니다. '일은 어느 정도만 하고 잘 쉬고 싶은' 사람은 회사원이 더 적합할지도요.

이런 트윗은 '회사를 그만둔다'라는 구절에 반응하는 사람이 많으리라 예상하고 올렸습니다.

이 트윗을 올린 타이밍이 마침 오본* 연휴였어요. 그 시

---

* 양력 8월 15일에 지내는 일본의 큰 명절. 보통 앞뒤로 휴가를 받는다.

기에 '회사를 그만둘까? 어떡하지?' 하고 고민하는 사람이 많을 것 같았어요. 고향에 돌아가 무심코 트위터를 보다가 '회사를 그만둔다'라는 글자가 눈에 보이면 읽어줄 거라는 계산이었습니다. 실제로, 많은 사람이 반응을 보였습니다.

글을 올릴 때는 '지금 사람들이 주로 무슨 생각을 할까?'를 고려해야 합니다. 화면 너머에 있는 사람이 무슨 생각을 할지 고민하고, 그 사람에게 말을 거는 감각이 필요하죠.

저는 트윗이 아닌 글을 쓸 때도 '이걸 내 트위터 타임라인에 올리면 반응이 있을까?'를 늘 생각합니다. 고민하고 나면 자연히 '수요 있는' 글을 쓸 수 있게 됩니다.

다른 사람의 트윗 중에 반응이 좋은 게 있다면 '이 글은 왜 이렇게 난리지?' 하고 살펴봐도 좋은 공부가 됩니다. 재미있어서? 도움이 되니까? 하며 나름대로 분석합니다. 그러면 내가 어떤 글을 올리면 좋을지 힌트를 얻을지도 몰라요.

글쓰기는 고독한 작업······이 아니다

'글쓰기는 자기 자신과 마주하는 고독한 싸움이다.'

이 또한 집필을 대하는 한 가지 시선입니다. 원고지나 컴퓨터 앞에 앉아 혼자서 글을 써 내려갑니다. 고독한 싸움 끝에 태어난 글에는 무게가 있죠.

한편 SNS 시대에는 새로운 '글쓰기' 스타일이 있어도 좋지 않을까요?

트윗 하나를 올리는 것도 글쓰기입니다. 누군가에게 댓글을 다는 것도, 생일 축하 메시지를 보내는 것도 글쓰기예요. 좀 더 자유롭고 경쾌한 글쓰기여도 괜찮습니다.

SNS 등장 이후로 팀이나 공동으로 작업해서 쓰는 것도 가능해졌습니다. 아무도 없는 곳에서 오로지 혼자, 괜찮은 글이나 먹힐 만한 글, 이해하기 쉬운 글을 계속 만들어 내기는 어려워요. 그렇지만 SNS라는 유용한 도구가 있으니 같이 글을 만들어보면 어떨까요?

지금이야말로 '글쓰기'가 어렵다는 이미지를 쇄신할 때입니다. 글을 길게 쓰지 않아도 돼요. 훌륭한 글을 쓰지 않아도 됩니다. 혼자 쓰지 않아도 돼요. 나아가 지금까지의 '납품 지상주의'라는 이미지도 바꿔봅시다.

지금까지 글쓰기는 '완성품이 될 때까지 쓰는 사람의 머릿속에만 간직하는 것'이었습니다. 앞으로는 구상 단계부터 모두와 공유해도 좋습니다. '베타 버전' 단계에서 많은 사람에게 보여주고, 그때부터 다듬어서 완성하는 것입니다.

'납품 지상주의'가 아니라 '개선 지상주의'로 전환합시다.

트위터로 얻는
다양한 이점

트위터는 단순한 도구입니다. 어떻게 쓰느냐에 따라 무기도 되고 유용한 도구도 되죠. 칼과 같아요. 남에게 상처를 줄 수도 있고 사과를 깎을 수도 있죠.

현명한 당신이 자기 수준을 높이고 이 세상을 낫게 만들기 위해 트위터라는 도구를 200퍼센트 유용하게 활용하면 좋겠습니다.

딱히 제가 트위터 본사로부터 돈을 받은 건 아닙니다. 그저 트위터를 습관화하면 기대할 수 있는 이점은 많으니까요. 생각나는 대로 소개해 보겠습니다.

① 글을 올릴 용기가 생긴다

트위터는 '글을 올릴 용기'를 줍니다.

글을 올렸다가 실수할 위험도 있고, 올린 글을 아무도 안 봐줄 가능성도 있어요. 회사 사람이 글을 보고 욕할 수도 있고, 술자리에서 공개 망신을 당할 수도 있어요.

이처럼 리스크가 있지만, 얻을 수 있는 이점이 훨씬 더 큽니다. 남의 시선만 자꾸 신경 쓰면 아무것도 못 해요. 그러나 트위터를 계속하면 '글을 올릴 용기'가 생깁니다.

② 자의식을 조절할 수 있다

글을 올리는 행위에는 어쩔 수 없이 '자의식'이 따라옵니다. 자의식이 너무 높으면 글을 올리기 어려워요. 부끄러워서 삭제해 버리고 싶죠.

이를 극복하면 쓰는 힘을 갖출 수 있습니다. 트위터로 글을 올리는 데 익숙해지면 자의식을 잘 조절할 수 있게 됩니다.

③ 마케팅력을 키운다

무엇이 인기 있고, 무엇이 인기 없는가. 어떤 표현이나 단어를 쓰면 잘 먹히는가. 그런 '마케팅력'을 일상적인 트위터 생활로 키울 수 있습니다.

온 힘을 기울여 쓴 트윗인데 '좋아요'가 2개, 대충 던진 글인데 리트윗 폭발. 그런 경험을 반복하면서 마케팅력을 익힙니다.

④ 공감력을 키운다

③과 비슷한데, 인기 있는 글을 쓰려면 '공감력'이 있어야 하죠.

사람들이 '맞아, 맞아!', '그렇다니까!'라고 생각하는 글은 반응이 좋아요. '이런 글에는 공감하겠는데?'라고 생각된다면 트윗을 올려 반응을 살펴봅니다.

⑤ 구성력을 키운다

같은 내용이라도 구성에 따라 반응이 전혀 달라집니다.

구성을 고민할 때도 트위터는 유익합니다. '문장 하나하나는 짧은 게 좋다', '첫 문장으로 시선을 끄는 게 좋다'처럼 지금까지 배운 내용을 트위터로 테스트해 봅니다.

⑥ 카피력을 키운다

이른바 '파워 워드', 힘 있는 단어를 익힐 때도 트위터가 아주 좋습니다. 자극적이고 강렬한 단어만 쓴다고 좋은 게 아니에요. 늘 '어떻게 해야 이 글이 멀리멀리 퍼질까'를 유념하며 단어를 선택합니다.

⑦ 문장 리듬감을 키운다

문장력 공부를 하면 종종 자주 듣는 조언인데, '~다'가 계속 이어지면 글이 단조로워집니다. '~다', '~일 것이다', '~이 아닐까' 등으로 어미를 바꿔서 기분 좋은 리듬감을 만듭니다. 트위터는 리듬감을 연습하기에도 좋아요. 트위터의 단문으로 연습하면 장문을 쓸 때도 크게 도움이 됩니다.

⑧ 사고력 · 고찰력을 키운다

'재미있는 글은 내용부터 재미'있습니다. 트위터는 특히 내용이 재미없으면 리트윗되지 않아요. '트위터에 뭘 올릴까?'를 늘 생각하면, 일상생활에서도 문득 멈춰서 생각하거나 사소한 것을 깨닫는 습관을 들일 수 있습니다. 사고력과 고찰력이 좋아지죠.

⑨ 조사하는 힘을 키운다

트윗 하나라도 '공적인 발언'입니다. 글을 올릴 때는 어느 정도 책임이 따라와요. 그래서 자연히 조사하거나 공부하게 되죠.

만약 제대로 공부하지 않고 트윗을 올리면, 루머나 페이크 뉴스를 지지하는 셈이 됩니다. 자기 글을 올리는 훈련을 하려면 공부도 해야 하기 때문에 정보 이해력도 높아집니다.

⑩ 행동력을 키운다

아웃풋을 하려면 인풋이 꼭 필요하죠.

트위터로 '좋아요'를 많이 받고 싶다면 트위터만 하고 있어선 안 됩니다. 평소 가지 않았던 가게에서 점심을 먹거나 영화를 보고 책을 읽습니다. 반응 좋은 소재를 찾으려고 노력하죠. 트위터에 집중할수록 오히려 행동력이 좋아져요.

'트위터 폐인(오로지 트위터만 하는 유저)'은 팔로워가 늘어나지 않습니다. 팔로워를 늘리고 싶으면 행동해야 하죠.

'비전'을 그린 뒤
글을 올린다

여기서부터는 잠깐 'SNS 이론' 같은 이야기가 이어질 텐데, 쓰는 힘으로도 연결되니까 조금만 더 설명하겠습니다.

트위터를 하더라도 모두가 인플루언서가 될 필요는 없습니다. 억지로 리트윗을 유도해 팔로워 경쟁에 매진하면 언젠가 지치고 맙니다. 팔로워가 1만 명이면 3만 명인 사람이 신경 쓰이고, 3만 명이 되면 5만 명인 사람이 신경 쓰입니다. 다른 사람과 비교하면 계속 안절부절못합니다.

자기 나름의 '목적'을 지니고 '비전'을 그린 뒤 트위터를 하는 것이 중요합니다.

저에게는 출판사를 차리겠다는 꿈이 있어요. 그래서 작

가나 편집자가 제 트위터를 봐주면 좋겠다고 생각했습니다. 제 트위터에 편집자나 작가가 모이게 하려면 뭘 어떻게 하면 좋을지 생각하며 글을 올립니다.

제일 먼저 '나는 어떻게 되고 싶은가' 그림을 그립니다. 이러한 비전이 없으면 글을 올려도 목적이 불분명해서 지속하기 어렵습니다. 고양이 동영상을 올려서 팔로워를 모은다 한들 무슨 의미가 있을까요.

올린 글과 비슷한 사람이 모여든다

그렇다면 어떻게 '비전'을 밑바탕으로 삼아 팔로워를 모을 수 있을까요?

트위터를 하며 깨달은 점이 하나 있습니다. 트위터 세계에는 '거울 법칙'이 적용된다는 것입니다. "안녕하세요!"라고 말하면 "안녕하세요!"라는 말이 돌아와요. "머저리"라고 쓰면 "머저리"가 돌아오죠. 마치 거울처럼 올린 글이 그대로 돌아옵니다.

마음이 엉망진창이라 부정적인 글을 올리면 부정적인

사람이 모여듭니다. "오지 마! 까불지 말라고!" 하며 외칠수록 "너야말로 까불지 마!"라고 외치는 사람이 모입니다.

즉 '올린 글과 비슷한 사람'이 모입니다. 수준 높은 팔로워를 얻고 싶다면 수준 높은 글을 올리는 거예요.

저는 작가나 편집자와 알고 지내고 싶기 때문에 문장력에 관한 트윗을 올립니다. 그러면 그런 정보를 원하는 사람이 모입니다.

내가 얻고 싶은 분야의 정보를 직접 올리면 역으로 그런 정보가 나에게 모입니다. 예를 들어 이직 관련 정보를 모으고 싶다면, 이직에 도움 될 정보를 최대한 아는 만큼 올립니다. 가능하면 실제 경험에서 나온 글이 좋으나 책에서 읽거나 조사한 내용도 좋아요. 도움될 만한 정보를 잔뜩 올리면 비슷한 속성인 사람이 모여서 이직에 관한 정보를 점점 더 쉽게 얻을 수 있습니다.

올리는 글의 내용이 고스란히 팔로워의 수준과 속성이 됩니다. 그러니 비난이나 비방을 통해 얻은 팔로워는 '비난과 비방으로 얻는 만큼의' 수준일 뿐이죠.

문제를 일으키지 않으면 팔로워가 늘지 않는다고 생각

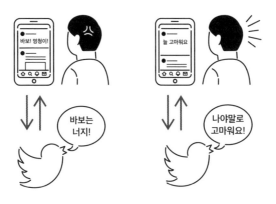

할 수 있는데, 애초에 팔로워를 억지로 늘릴 필요가 없어요. 괜히 문제를 만들어 각종 비난이 쏟아지면 정신적으로 어려워지니 일반인에게는 권하지 않습니다.

팔로워 1천 명과 1만 명 중에
누가 더 훌륭할까?

1천 명의 팔로워를 둔 사람보다 1만 명의 팔로워를 둔 사람이 언뜻 보기에 더 훌륭해 보입니다.

그렇지만 팔로워가 적더라도 팔로워의 수준이 높으면 가치가 엄청난 계정입니다. 그 1천 명 중 대부분이 카피라이터거나 변호사거나 방송국 디렉터라면, 팔로워가 몇만 명이나 되는 단순 정보 계정보다 훨씬 가치 있죠.

그런 계정을 꾸리기 위해서라도 '재미있는 소재로 빵 터뜨려야지'가 아니라 '나만의 비전을 갖추고 담담히 글을 올리자'라는 자세가 중요합니다.

'좋은 콘텐츠를 올리자', '내가 아는 노하우를 공유하자'라는 마음으로 글을 올리면, 어느새 1천 명의 팔로워를 얻게 될 거예요. 게다가 그들은 아주 수준 높은 팔로워일 겁니다.

'재미있는 잡지' 같은
계정을 목표로

수준 높은 팔로워를 얻고 싶을 때는 '재미있는 잡지' 같은 계정을 목표로 하면 좋습니다.

'재미있는 잡지'는 타깃이 확실하고 콘텐츠가 충실하고 유익한 정보를 제공합니다. 그런 계정이 좋습니다.

자기 회사 광고나 업계 뉴스를 단순히 리트윗만 하는 사람도 있어요. 그건 잡지로 비유하면 광고만 가득한 잡지죠. 콘텐츠가 없는 프리페이퍼입니다. 물론 '큐레이션하는 힘'을 내세우고 싶다면 괜찮은데, 리트윗은 누구나 할 수 있기 때문에 차별화가 어렵습니다.

리트윗이 아니라 자체 콘텐츠를 올려야 합니다. 타인의 리트윗보다 내 '진짜 목소리'가 몇 배나 가치 있습니다.

그렇다면 구체적으로 어떤 트윗을 올리면 좋을까요?
지금까지 설명한 노하우와 상당수 중복됩니다.

① 140자로 콘텐츠를 '완결'한다

읽기 편한 트윗은 140자 내로 콘텐츠를 '완결'합니다.

앞뒤 트윗을 보지 않아도, 그 사람을 잘 몰라도 '무슨 말을 하는지'를 이해할 수 있습니다. 그러니 '이거 괜찮네?' 싶어서 공유하게 되죠.

트윗은 길가에서 모르는 사람에게 말을 거는 것과 비슷합니다. 상대방은 이쪽의 배경을 제대로 파악하고 있지 않아요. 그런 사람들이 '이게 뭐지?' 하고 호기심을 느끼는 글을 올리도록 노력합니다.

참고로 140자를 꽉 채워서 쓰면 읽어주는 사람이 많습니다. 스마트폰으로 볼 때 화면을 독점하는 효과도 있고, 콘텐츠가 충실해 보이기도 하니까요. 글을 잔뜩 씀으로써 '무슨 이야기를 하는 거지?'라는 순간적인 흥미를 유도해 읽어보게 하는 효과도 있습니다.

② 첫 문장에서 무슨 이야기인지 안다

서두가 중요하다고 지금까지 계속 주장했는데, 트윗을 쓸 때도 그렇습니다. 더구나 트위터는 몇 초 안에 읽을지 말지 결정하는 세계입니다.

첫 문장을 보고 '아하, 이건 ○○에 관한 이야기구나' 하고 이해하게끔 글을 쓰려고 노력합니다.

③ 반경 3미터 내에 있는 주제다

역시 가깝게 느끼는 화제일수록 반응이 좋아요. '민법이 개정된다는데 어쩌고저쩌고' 어렵게 쓴 글보다 '그래서 부부가 성씨를 따로 쓰는 제도가 통과될까?'라고 보다 친숙한 이야기를 쓰면 시선이 가죠. 올리고 싶은 글이 있다면 반경 3미터 내의 친숙한 주제인지 생각해 봅니다.

④ 인생에 적용하고 싶은 노하우다

이것이 제일 효과적입니다. 사람은 자신에게 도움되는 노하우를 원해요. 따라서 내가 아는 노하우를 올리면 읽어 줄 확률이 훌쩍 올라갑니다.

⑤ 희로애락을 자극하는 포인트가 있다

사람은 타인의 감정에 민감해요. 정보뿐만 아니라 분노, 슬픔, 기쁨 등을 담았는지 살펴봅니다.

또 생각 외로 중요한 점이, '무엇을 쓸까'가 아니라 '무엇을 쓰지 말까'를 정하는 것입니다.

예를 들면 연예인 불륜 뉴스나 세계적으로 큰일이 터지면 끼어들어서 언급하고 싶어지죠. 그래도 '이 계정에서 그에 관한 발언을 할 것인가 말 것인가'를 잠깐 생각해봐야 합니다. 여러분의 트위터 계정은 어떤 '잡지'인가요? 어떤 주제를 다루는 계정인가요?

자기 위치를 정하고 흔들리지 않는 것이 좋은 계정을 만드는 열쇠입니다.

'나만의 포지션'을 찾자

트위터에는 다양한 정보와 콘텐츠가 범람하는데, 그 안에서 무엇을 쓰고 올려야 돋보일까요? 전체적인 균형을 살피며 어떤 내용을 올릴지 생각해 봅시다.

제가 글 쓰는 법에 관해 트윗하는 것은 '글쓰기에 관한 내용을 올리는 편집자'가 별로 없기 때문입니다.

트위터에 유명한 편집자가 몇 명 있는데, 그들은 글 쓰는 법에 관해 이야기하지 않더라고요. 그래서 편집자인 제가 제대로 된 문장법을 올리면 조금은 눈에 띌지도 모른다고 생각했습니다.

'이 포지션이 비었으니까 어디 파고들어 볼까?' 하는 틈새 산업 같은 발상이 필요합니다. 일단 나만의 포지션을 찾으면 그다음이 훨씬 편해집니다. 어떤 글을 올리면 반응이 있을지 잘 생각해 보세요.

믿음이 가는
프로필을 만든다

자기 비전에 어울리는 팔로워를 늘리려면 프로필도 중요합니다. 아무리 멋진 트윗을 올려도 프로필이 영 아니면 '이 사람 대체 뭐지? 수상한 사람 같은데'라고 생각해서 팔로우하지 않을 거예요.

제일 먼저 당신이 어떤 사람인지 알 수 있는 '프로필'을 만들어야 합니다. 어떤 프로필이 좋을까요?

결론부터 말하면,

① 신뢰성 ② 콘텐츠 ③ 귀여움

이 3가지를 충족하면 됩니다.

현실에서 어떤 사람과 처음 만나는 장면을 상상해 보세요. 먼저 '이 사람은 나쁜 사람이 아니겠지?'를 염두에 두고 살펴보겠죠. 복장이나 머리 스타일 같은 외모를 봅니다. 다음으로 '무슨 일을 하는 사람일까?'를 물어보겠죠. 수상하지 않다면 첫 관문인 '신뢰성'을 통과했습니다.

앞으로 계속 만날지 말지는 '이 사람이 나에게 유익한 사람인가?'에 달렸습니다. 내가 궁금한 것을 아는 사람인가, 내가 원하는 것을 가진 사람인가. 같이 있으면 안심할 수 있거나 이야기를 잘 들어주는 사람인가도 유익이겠죠. 다시 말하면 자신이 원하는 '콘텐츠'를 가지고 있는가입니다.

마지막으로 '귀여움'입니다. 신뢰할 수 있고 이익도 될 만한 사람인데 '이런 귀여운 면이 있네?'라는 생각까지 들면 친밀도가 훅 오릅니다. 이쯤 되면 '팔로워'가 아니라 '팬'에 가까울지도요.

현실에서도 '신뢰성·콘텐츠·귀여움' 이 3가지로 거

리가 가까워집니다. SNS에서도 그런 점을 느끼게 하면 됩니다. 프로필은 SNS상의 '첫 만남'이라 팔로우할지 말지 '판단 기준'이 됩니다.

제 트위터 계정의 프로필은 이렇습니다.

· 믿음직한 프로필(작가 예시) ·

다케무라 슌스케 / 편집자 ✅

@tshun423

주식회사 WORDS 대표. 경영자의 발언을 뒷받침하는 고문 편집자. 주케이 출판, 세이카이사, 다이아몬드사 등을 거쳐 독립. 지금까지 『메모의 마법』 (마에다 유지), 『후쿠오카시를 경영하다』(다지마 소이치로), 『일하는 방법을 제대로 배운 건 처음입니다』(미즈노 마나부) 등의 서적을 편집하고 집필했다. SNS 시대의 '전달되는 문장'을 탐구한다. 감자샐러드를 좋아한다.

① 신뢰성

'본명'과 '회사명'을 써서 신뢰성을 담보합니다. 지금까지 해온 일에 대해서도 적어서 수상한 인간이 아니라고 보여줍니다.

② 콘텐츠(전문성)

'이 계정을 팔로우하면 어떤 콘텐츠를 얻을 수 있는가'를 보여줍니다. 저는 'SNS 시대의 문장법을 알 수 있을지도 몰라'라고 사람들이 생각하게 하려고 이렇게 프로필을 적었습니다.

③ 귀여움

뻔뻔하지만 애교를 조금 넣습니다. 저는 '감자샐러드를 좋아한다'를 넣었죠. 이런 건 구체적인 게 좋습니다. 과자를 좋아한다고 쓸 거라면 포괄적으로 '과자'보다 구체적인 과자명을 언급하는 게 더 귀엽거든요.

온라인상의 '인격'을 만들자

프로필을 통해 자신이 어떤 사람인지 전달할 수 있으면, 온라인 '인격'이 생깁니다. 그다음에 매일 트윗을 올리면 팔로워의 마음속에 '당신'이라는 인격이 만들어지죠.

혹시 일본 트위터 계정에 관심이 있는 사람이라면 이케

다 하야토イケダハヤト* 씨나 하아츄 씨**를 알 겁니다. 이케다 씨나 하아츄 씨를 직접 만난 적 없는 사람이라도 "이케다 씨는 어떤 사람이죠?"라고 물으면 "아주 날카로운 사람이죠" 같은 설명을 해줄 겁니다. 한 번도 만난 적 없는데 어떤 사람인지 말할 수 있어요. 머릿속에 그 사람의 인격이 있기 때문이에요. 온라인이라는 하나의 세계에 '인격'을 만들어보세요. 일단 만들어놓으면 알아서 움직입니다.

"○○라면?"이라고 물었을 때, 그 답으로 자기 이름이 나오는 존재가 되면 아주 좋아요. "디저트를 잘 아는 작가라면?", "경제를 알기 쉽게 설명하는 학자라면?", "도쿄 지리를 잘 아는 사람이라면?"이라는 질문에 이름이 나온다면 인격이 만들어진 것이고, 괜찮은 제안도 들어올 겁니다. 프로필 작성을 잘하면 자신만의 브랜딩으로 이어집니다.

* @IHayato, 일본 NFT의 유명 프로젝트 크립토 닌자의 창시자이다.
** @ha_chu, 『반경 5m 야망半径5メートルの野望』 등을 저술한 작가이다.

이렇게 하면
쓰는 습관을 갖출 수 있다

01

장문에 도전하기 전에 트위터에서 '쓰는 훈련'을 한다.

02

'편집장'이 된 것처럼 올릴 글의 내용과 컨셉을 정한다.

03

많이 실패한다. 실패하면 할수록 사람들이 내게 원하는 주제와 글의 특징을 파악할 수 있다.

04

신뢰성 · 콘텐츠 · 귀여움을 갖춘 프로필을 만들자.

TIP 5

글쓰기에 집중하게 해주는
10가지 필승법

저는 업무상 1만 자를 넘는 온라인상의 원고를 쓰거나 10만 자에 가까운 책의 원고를 쓰기도 합니다.

긴 문장을 쓰는 요령 그 첫 번째는 '나는 의지가 약하다'는 사실을 인정하기입니다.

노트북을 열자마자 원고를 3시간쯤 술술 쓰고 "흠, 오늘도 대충 1만 자를 썼나, 아이고" 이러는 사람은 없습니다. 무라카미 하루키 씨라면 그럴까요.

대부분 노트북을 펼치면 트위터나 페이스북으로 빨려 들어가 1시간쯤 놀다가 '아아악, 원고 써야 하는데' 하고 몸부림친 끝에 한 줄 썼다가 한 줄 지우고…… 그러다가 짜증이 나서 다시 SNS 지옥에 빠지곤 합니다.

그러니 '의지 약한 나를 움직이게 만들기 위한 다양한 고민'이 필요합니다.

- 집중할 수 있는 시간은 어느 정도인가?
- 집중할 수 있는 곳은 어디인가?
- 어떤 음악을 들으면 집중할 수 있는가?

자신을 모니터링해서 적절한 환경에 두는 것이 중요합니다. 자, 제가 발견한 '원고에 집중하게 해주는 10가지 필승법'을 알려드리지요.

1. 잘 잔다

저는 8시간은 잡니다. 글쓰기는 머리를 쓰는 작업입니다. 두뇌가 맑지 않으면 괜찮은 글이 나오지 않아요. 수면은 가장 쉽고도 강력한 필승법입니다. 푹 자도록 노력합니다.

2. 인터넷 환경에서 멀어진다

원고가 도무지 진행되지 않는 이유는 '원고 자체에 악전고투하느라'가 아니라 '원고 이외의 것에 정신이 팔려서'가 대부분이에요. '이메일에 답변 보내야지', '아까 올린 트윗, 반응이 있을까' 같은 생각을 하니까 진도가 나가지 않습니다. 그러니 필승법은 '그 원고만 생각해야 하는 환경에 나를 가져다 두는 것'입니다.

저는 '포메라'를 추천합니다(143쪽 참조). 정리해야 할 원고 데이터만 포메라에 넣고, 스마트폰도 가능하면 집에 두고 밖에 나가서 작업합니다. 또는 인터넷이 연결되지 않은 상태의 기기를 이용합니다. '오로지 원고만 생각해야 하는' 상황에 자신을 강제로 밀어넣으면 됩니다.

3. 작업을 작게 나눈다

몇만 자나 되는 긴 원고라도 작은 항목으로 나누세요. 마무리한 항목은 마구마구 지워나갑니다. 종이에 목차(전체 구성)를 출력해 끝난 건 빨간 줄로 쫙쫙 지워요. 최대한

작업을 작게 쪼개 10분마다 '성취감'을 느끼도록 해두면
아주 좋습니다.

4. 애초에 오래 집중할 수 없음을 인정한다

원고를 쓰는 작업은 문장 흐름을 생각하는 것 이외에도
여기에 쉼표를 넣을지 말지, '그런데'라고 할지 '그러나'라
고 할지 등 의식하지 못하더라도 수많은 선택을 동반합
니다. 생각보다 뇌가 지치는 일이에요.
따라서 뇌를 적당히 쉬게 하며 담담하게 진행하는 편이
좋습니다. 정신력으로 밀어붙여 무리해서 달리지 마세요.
애초에 오랜 시간 집중할 수 있는 사람은 거의 없습니다.

5. 기분이 내키지 않을 때는 산책한다

저는 '2시간 일하고 1시간 휴식하기'를 반복합니다. '2시
간 일하기'라도 2시간 내내 집중하진 않아요. 그러지도
못합니다. 일단 노트북을 펼쳐 원고를 쏘아볼 뿐이죠.
쉴 때는 산책을 해도 좋고 밥을 먹어도 좋아요. 2시간

정도 원고를 보다 보면 마지막에는 머리가 제대로 돌아가지 않으니까 계속해 봤자 무의미합니다. 머리가 돌아가지 않는다 싶으면 일어납니다. 일단 깨끗하게 머릿속을 비우고 다시 시작합니다.

6. 적당히 시끄러운 곳에 간다

저는 정말로 집중하고 싶을 때면 사람이 많아서 시끌벅적한 카페를 찾아갑니다. 사람들 대화가 너무 신경 쓰이면 음악을 들을 때도 있는데, 보통은 듣지 않고, 남들의 대화나 시선을 어느 정도 의식한 상태로 원고를 봅니다. 그러면 주변을 신경 쓰지 않으려는 힘이 곧 원고에 집중하는 힘으로 바뀝니다.

또 가끔은 '여기까지 진행해야지'라고 정해놓고 조금 비싸고 고급스러운 카페에 들어가기도 합니다. 그러면 원고에 집중하지 못해서 집에 가고 싶어도 '아니지, 아니야. 지금 커피값이 얼만데 본전치기는 해야지……' 하고 억지로라도 진행할 수 있습니다.

7. 마감 후 하고 싶은 일을 정한다

말하자면 보상이죠. '이걸 마치면 술 마시러 가야지', '이 걸 마치면 사우나를 하러 가야지'처럼 자기 기분을 좋게 해줄 무언가를 준비합니다. 눈앞에 당근을 매다는 거죠.

8. 마감일을 선언한다

어쩌면 가장 효과적인 방법일 겁니다. 사람은 마감이 없으면 기본적으로 움직이지 않아요. 그러니 누군가에게 마감일을 선언합니다. "○일까지 보낼게요"라고 클라이언 트, 혹은 SNS에 공개 선언합니다. 이렇게만 해도 상당히 압박감을 받습니다.

9. 품질보다 끝내는 것을 우선한다

완벽함을 추구하지 않는 것입니다. 나중에 얼마든지 수 정할 수 있으니 일단은 '마지막까지 끝내기'를 우선합니 다. 완성품을 만들려는 생각을 버리면 불필요한 힘이 들어

가지 않아서 일도 척척 진행됩니다. 이후 전체를 여러 번에 걸쳐 옻칠하는 방식으로 원고 수준을 높이면 됩니다.

10. 무조건 5분은 참고 노트북에 집중한다

쓰지 못하는 건 쓰기 싫기 때문이에요. 쓸 것이 있는데 쓰지 못한다면 '쓰지 못하는 것'이 아니라 '쓰고 싶지 않은 것'이죠. 쓰고 싶지 않으니까 텔레비전을 보고, 트위터를 합니다. 쓰고 싶지 않으니까 술 마시러 가죠.

자, 그런 당신에게 필요한 것은 바로 이 한마디입니다.

"됐으니까 일단 해!"

저도 쓰고 싶지 않다고 생각하면서 트위터로 도망치곤 해요. 그런데 '무슨 트윗을 올릴까……'라며 시간을 보낼 상황이 아니죠. 그래서 저는 몇 번이나 중얼거립니다.

"됐으니까 일단 해!"

조금이라도 쓰기 시작하면 싫다는 생각이 어디론가 사라집니다. 우선 인터넷 연결을 끊습니다. 원고를 바라보세요. 의욕이 있으니까 하는 게 아니라, 하니까 의욕이 생기는 겁니다.

트윗 하나를
올리는 것도

글쓰기입니다.

6장

글을 쓰면
인생이 달라진다

'어려워' 그 너머의

새로운 나

지금은 '쓸 수 있는 사람'이
유리한 시대

지금까지 '쓰는 게 힘든' 당신이 조금이라도 편하게 글을 쓸 수 있도록 다양한 노하우를 알려드렸습니다.

마지막 장에서는 '어려워'에 마지막 일격을 가하기 위해 쓰기가 주는 이점, 지금 시대에서 '쓰기'가 어떻게 무기가 되는지를 설명하고 싶습니다.

저는 요즘처럼 '쓸 수 있는 사람'이 유리한 시대도 없다고 생각합니다. 왜일까요?

얼마 전까지는 사람들과 보통 '현실' 공간, 즉 오프라인에서 만났습니다. 친구나 지인을 통해서 만나거나 어떤 모임이나 파티에서 만났죠. 인사하고 명함을 교환한 뒤

"저는 얼마 전에 회사를 그만두고 지금은 글밥을 먹고 삽니다"라는 식으로 저를 소개했습니다.

이럴 때는 '말을 잘하는 사람'이 유리했습니다.

처음 만난 상황에서 말을 잘하는 사람은 "지금 이런 책을 쓰려고 해요. 혹시 조만간 회사로 찾아뵈도 괜찮을까요?"라고 유창하게 말할 수 있습니다. 소위 말발 좋은 사람이 더 많이 가질 수 있었죠. '말하기' 달인이 압도적으로 유리했어요.

지금은 '첫 만남이 텍스트'인 상황이 많아졌습니다.

직접 만나기 전에 트위터나 이메일, 문자, 메신저로 '텍스트를 통한 접촉'이 있습니다. '텍스트로 처음 만나는' 기회가 많아졌죠.

이런 시대에는 말 잘하는 사람이 아니라 글쓰기를 잘하는 사람이 유리합니다. 처음 주고받은 텍스트로 어떤 사람인지 판단하고, '이 사람은 재미있을 것 같네'라고 금방 짐작합니다. 즉, 글이 강점이 되는, 소극적인 사람을 위한 시대라고 할 수 있겠습니다.

앞으로는 '쓸 수 있는 사람'이 유리해집니다.

소극적인 사람도 글로
'패자부활전'을 꿈꿀 수 있다

이런 경우도 있지 않을까요?

어떤 사람과 처음 만났습니다. 헤어진 뒤에 '그러고 보니 아까 그 사람, 어떤 사람이려나?' 하고 그 사람의 트위터나 페이스북 같은 SNS를 찾아봅니다. 그랬더니 자기 자랑만 잔뜩 늘어놓거나 남을 비판하는 부정적인 글만 쓰는 사람이라면……? '흠, 이 사람과는 거리를 두는 게 좋겠네'라고 생각합니다.

반대로 그렇게 인상적인 사람은 아니었는데 SNS를 우연히 봤더니 '어라? 생각보다 글을 잘 쓰네?', '말을 재미있게 하네. 게다가 팔로워가 3만 명이나 돼' 하며 반전 매력에 호감을 느낄 수도 있습니다.

저는 현실에서 비교적 소극적이고, 다른 사람에게 성큼성큼 다가가는 성격이 아닙니다. 인상도 굳이 따지자면 흐릿한 쪽이에요. 그래도 의미가 잘 전달되는 글을 써서 SNS에 올리면 좋은 반응을 얻으니까 강한 인상을 줄 수 있습니다.

즉, 인상이 흐릿하고 말이 서툰 사람이더라도 그 후에 '텍스트로 커뮤니케이션'을 하며 '패자부활전'을 노릴 수 있습니다.

지금까지는 '자기 어필하고 싶은데 나서지 못하는 사람', '사실은 하고 싶은 일이 있는데 말을 못 하는 사람', '발표를 워낙 못해서 뭔가 설명하는 데 애를 먹는 사람'은 여러모로 단념할 수밖에 없었죠. 이제는 글쓰기로 상황을 역전할 수 있습니다.

사람들 앞에서 요령 있게 처신하고, 다양한 사람과 두루 친하고, 거침없이 즐겁게 말하기⋯⋯. 이런 것은 타고난 성격이나 재능에 따라 어느 정도 갈립니다. 어떤 환경에서 태어났고 어떤 교육을 받았는지에 따른 차이도 크죠.

한편 '쓰기' 능력은 후천적으로 얻기 쉽습니다. 어떤 사람이든 어린 시절의 글쓰기 실력은 크게 차이 나지 않아요. 이 책에서 설명한 소소한 요령을 활용하기만 해도 쓰는 능력을 훌쩍 늘릴 수 있습니다.

'쓰는 커뮤니케이션'의
끝을 알 수 없는 파워

쓰는 커뮤니케이션은 '말하는 커뮤니케이션의 대용' 그 이상의 이점이 많습니다.

첫 번째는 시간과 장소를 따지지 않는 것이죠.

녹화나 녹음은 좀 다르지만 '말하는' 커뮤니케이션은 시간과 장소가 고정됩니다. 한편 텍스트라면 시간과 장소 상관없이 읽을 수 있어요. 출근하면서, 점심시간에, 한 번쓱 볼 수도 있죠.

두 번째는 몇 명이 읽어도 긴장하지 않는 것입니다.

말하는 커뮤니케이션은 상대가 많아지면 점점 더 긴장돼요. 라이브 스트리밍도 그렇죠. 저 너머에서 수백 명, 수천 명이 보고 있다고 의식하면 몸이 굳습니다. 한편 텍스트는 그렇지 않아요. 몇만 명이 보든, 텍스트의 내용이나 글쓴이의 긴장도가 달라지지 않죠.

세 번째는 알아서 확산되는 것입니다.

텍스트는 복사해서 붙여넣기가 간단하고, SNS를 통해 순식간에 퍼지기도 합니다. 스스로 필사적으로 '영업'하지 않아도 내용이 좋으면 알아서 멀리멀리 퍼져요.

게다가 한 번 써서 인터넷에 올리면, 이후 아무것도 안 해도 알아서 나를 영업해 줍니다. 한 번 쓴 글이 24시간 365일 '자율주행'으로 달립니다.

'말하기'보다 '쓰기'가 먼저인 시대.

이런 시대에서는 '쓰기'라는 텍스트 커뮤니케이션을 제패하는 자가 승기를 잡습니다. '나는 소심해서 하고 싶은 말을 못 해', '나는 말발이 부족해서 해낼 수 없어' 혹시 이렇게 생각하는 사람이 있다면 지금은 엄청난 기회가 도사리는 시대입니다.

쓰는 힘을 갖추면 영향력을 키울 수 있습니다.

다양화 시대에
'나의 존재를 표현하는' 일

　얼마 전까지만 해도 사람들은 비슷한 텔레비전 프로그램을 보고, 비슷한 음악을 듣고, 비슷한 정보를 얻으며 살았습니다. '회사원'은 회사에서 일하고 '전업주부'는 집안일을 맡았죠. 그런 시대에는 스스로 뭔가 써서 밖으로 내보낼 필요성이 없었어요. 이미 준비된 레일을 따라가다 보면 언젠가 좋은 곳에 도달할 수 있었으니까요.

　지금은 '다양화' 시대입니다. 다양한 사고방식과 다양한 배경을 지닌 사람이 뒤섞였죠. 지금까지의 '업계'라는 틀도 무너지고 '상식'이 잘 통하지 않게 되었어요. 그런 상황에서 기존에 깔린 레일 위로만 달리면 어디로 가게 될지 모릅니다.

그러니 '쓰기'로 나의 존재감을 보여줘야 합니다. 제대로 표현하지 않으면 남들이 알아주지 않는 시대가 왔어요.

지금까지 일본은 뭐든 감내하는 것이 미덕으로 여겨지며 묵묵히 일하는 것에 높은 가치를 두었어요. 자기 자신을 너무 드러내면 꼴불견이라는 분위기는 여전히 남아 있습니다. 물론 저는 이런 생각을 부정하지 않아요.

다만 행동하지 않으면 매몰될 위험성도 있습니다. '쓰기'로 주변에 자신을 알리는 일이 점점 더 중요해지는 요즘입니다.

글을 써서 외부에 보여주는 것은
'세상에 보내는 선물'이다

글을 써서 어딘가에 올리는 것은 '이 세상에 보내는 선물'입니다. 트위터나 페이스북 같은 SNS를 쓰면 수많은 사람에게 정보나 생각이나 마음을 전달할 수 있죠. '1억 명이 선물을 증정하는 시대'라고 하면 오버일까요……

글을 써서 SNS에 올리면 예상치 못한 만남도 생깁니다.

예전에는 방송국이나 출판사 사람에게 직접 '프레젠테이션'할 기회가 어지간해선 없었죠. 허나 지금은 트윗을 쓰기만 해도 그런 사람들 눈에 닿을 수 있습니다.

때로는 유명한 연예인이나 대기업 사장, 세계적으로 활약하는 운동선수가 제 SNS를 보기도 합니다. 야구선수 다르빗슈 유ダルビッシュ有 씨나 축구선수 혼다 게이스케本田圭佑 씨에게 뭔가 말을 전하고 싶다면, 얼마 전까지는 매니지먼트 회사에 편지를 보내야만 했어요. 지금은 그들에게 트윗을 보내면 본인이 직접 볼 수 있습니다. 가능성이 이렇게까지 활짝 열린 시대는 지금껏 없었습니다.

경쟁률은 높을지 모르나, 이 책을 통해 쓰는 능력을 향상한 당신이라면 괜찮아요. 부디 꿈을 이루길 바랍니다.

누군가가 나를 알아주면
'일'이 찾아온다

나를 '이런 인간입니다'라고 표현하면 누군가 내게 어울리는 일을 물어다 줄 가능성도 있습니다.

저도 SNS에 열심히 글을 올리기 시작한 시점부터 "다케무라 씨, 이런 일을 잘하니까 이 일을 해보면 어떨까요?"라고 제안하는 사람이 늘었습니다.

지금 이 책의 집필 의뢰를 받은 것도 그렇고, 경영자가 note에 올리는 글을 편집하는 일도 "이런 일을 해보지 않을래요?"라는 제안이 온 덕분입니다. 한번 해봤더니 생각보다 일이 괜찮아서 업무 폭이 넓어졌죠.

'내가 잘한다고 생각하는 것'과 '타인이 내게 해주길 바라는 것'이 다를 때도 많습니다. 나는 책 편집을 하고 싶은데 누가 "너는 note 쪽에 글을 올릴 때가 훨씬 더 좋던데!"라고 알려주기도 합니다. 당신을 제일 잘 아는 사람이 어쩌면 '당신'이 아니라 '주변 사람'일 수도 있어요.

내가 해야 하는 일, 공헌할 수 있는 일을 누군가가 찾아주는 것도 '쓰기'가 주는 어마어마한 이점입니다. 인생이 달라지는 기회가 찾아오죠.

글로 자기 존재를 알리며 해파리처럼 시장을 이리저리 떠돌아다닙니다. 그러면 "이거 해볼래요?", "이거 해줄 수 있어요?" 하고 일이 알아서 들어옵니다.

회사도 국가도 믿을 수 없는 시대예요. 나 자신을 스스로 지켜야 합니다. 쓰기로 나를 알리는 것은 어떤 의미에서 사회안전망이 됩니다.

컨설팅 같은 '지적 노동'을 할 수 있다

글쓰기를 잘하게 되면 컨설팅 같은 지적 노동도 할 수 있습니다.

당신이 부동산 영업을 한다고 해보죠. 늘 하던 대로 영업하면 당신의 세상은 넓어지지 않습니다. 그래도 '좋은 집을 발견하는 방법'이나 '앞으로 어느 지역의 땅값이 오를까?', '앞으로 수도의 땅값은 어떻게 될까?' 같은 주제의 글을 쓴다면, 그 글 자체로 훌륭한 '컨설팅'이 됩니다.

글로 쓰면 내 가치가 훌쩍 오르고, 다양한 곳에서 같이 일하자고 제안이 옵니다.

온라인 세계에는 '업계'의 벽이 없습니다. 그러니 글을 올리기만 해도 지금까지 머물던 업계와는 전혀 생뚱맞은 곳에서 말을 걸어 올 수도 있어요. 이쪽 업계에서 '상식'인 것도 다른 업계에서는 '컨설팅'이라는 가치가 됩니다.

제가 올리는 내용도 출판업계에서는 상식입니다. '저자가 하고 싶은 말과 독자가 듣고 싶은 말은 다르다' 같은 말도 편집자들이 작가에게 흔히 하는 조언이에요. 이 내용을 글로 표현해서 내보냈더니 업계 밖 사람에게는 새로운 '발견'이 되었죠.

노하우를 단순히 가지고만 있으면 내 활약은 업계 내에서 끝입니다. 그러나 그 내용을 글로 표현해서 아웃풋을 하면 시장이 10배쯤 더 커집니다.

부업·N잡러도
우선 '쓰기'부터

앞날이 불투명한 시대입니다. 부업을 하고 싶은 사람도 많을 겁니다.

그런 사람에게 추천하고 싶은 것이 본업에서 얻은 지식이나 노하우를 글로 쓰는 것입니다(물론 웬만해서는 허가를 받지 못하겠죠……).

"에이, 제가 뭐 그렇게 대단한 일을 하는 것도 아닌데요"라고 겸손하게 말하는 사람도 있을 거예요. 앞서 말했듯이 내게는 당연한 내용도 다른 사람에게는 신선하거나 가치가 있습니다.

회사에서 10년간 경리 일을 했다면, 그 사람에게는 10년만큼의 가치가 있습니다. 그 사람의 조언으로 절세해서

1천 만 원쯤 이득을 본 사람이 있다면, 컨설팅 요금으로 몇십만 원쯤 받을 수 있어요. 간병 일을 10년간 한 사람이 그 노하우를 공개하면, 간병 때문에 고생하는 많은 사람이 도움받을 수 있습니다. 그 가치는 감히 잴 수 없죠.

정보는 물리적으로는 무상으로 유통될지도 몰라요. 그러나 그 사람의 지식이나 경험이 응축된 정보에는 엄청난 가치가 있습니다.

정보를 파는 직업은 사실 생각보다 많습니다.

예를 들어 의사. 외과 수술을 하는 의사는 다르나, 진찰해서 약을 처방하는 일이 주요 업무인 의사는 '지식이나 정보를 판다'고 할 수 있죠. 증상을 진찰해서 자기가 아는 지식을 총동원해 '이 약을 처방하면 어떨까' 하고 정합니다. 의사가 직접 손을 쓰는 것도 아니고 약을 개발하는 것도 아니에요. 그저 선택할 뿐이죠. 이때 받는 돈은 '정보비'입니다. '컨설팅비'라고도 할 수 있죠.

정보나 지식을 돈으로 바꾸는 직업은 많습니다. 의사, 공인중개사, 변호사, 변리사 같은 직업이나 정치가, 투자가도 그렇죠. 많은 직업이 지식과 정보, 경험을 팝니다.

제가 하고 싶은 말은 이겁니다. '글로 옮기기' 자체는 누구나 할 수 있어서 대단한 가치가 없는 것처럼 느껴지는데, 사실은 전혀 그렇지 않다는 거죠.

사람은 누구나 다양한 지식을 갖췄고 다양한 경험을 합니다. 다만 자기 머릿속에만 있어서 가치가 보이지 않을 뿐이죠. 누구나 이해하기 쉽게 전달할 수 있다면 '돈을 내서라도 알고 싶다'는 사람이 나타날 겁니다.

'나만이 쓸 수 있는 것'은 누구에게나 있다

1장에서 '꼭 내 이야기를 쓰려고 하지 않아도 된다', '우선 취재해서 주변 이야기를 써라'라고 설명했습니다. 그런데 취재 대상을 '나'로 잡으면 내 이야기를 쓸 수 있어요.

'내 이야기라니 쓸 게 없는데', '남들이 읽어줄 만큼 재미있는 이야기도 없어'라고 생각할 수 있겠죠. 그래도 누구에게나 '나만이 쓸 수 있는 것'은 있습니다.

예전에 호스트클럽 경영자를 취재한 적이 있습니다. 처음에 그는 "도움이 될 만한 이야기가 전혀 없을 텐데요"라고 반응했죠. 호스트클럽 경영자는 10~20명쯤 되는 청년들을 통솔하고 있었습니다. 지금까지 자기 내키는 대로 살아온 청년을 가르쳐서 손님을 기쁘게 해야 하죠.

마침 제가 팀 꾸리기로 고민하던 시기여서 "어떻게 하면 팀을 하나로 묶을 수 있나요?"라고 물었습니다. 그러자 이런 대답이 돌아왔죠.

"우선 팀에 '문화'를 만듭니다. 문화를 일단 만들어두면 새로운 사람이 들어와도 다들 그 문화에 적응해요. 그러니 조직 문화부터 만드는 거예요."

이어서 "그렇다면 그 조직 문화를 어떻게 만들죠?"라고 묻자, "우선은 심복을 2명 정합니다. 그런 다음에 셋이 늘 함께 움직이며 셋만의 분위기를 만들죠. 내가 생각하는 바를 전부 두 사람과 공유합니다. 그러면 어느새 문화가 만들어져요"라고 대답했습니다.

우선 세 사람이 문화를 만든다. 문화가 생기면 그 후에는 알아서 모두가 그 문화에 적응하고 따른다. 호스트클럽 이야기지만, 다양한 조직에 응용할 수 있는 가치 있는 노하우입니다.

내가 가진 정보의 가치가 어떤지 스스로는 잘 모릅니다.

내가 '좋다'고 생각하는 콘텐츠가 주변에서 보기에는 별로 가치가 없고, 반대로 '이런 뻔한 내용을 쓰는 의미가 있나?' 싶은 내용을 주변에서 아주 재미있게 여기기도 합니다.

크리에이티브 디렉터 미즈노 마나부水野学 씨에게 '일하는 순서와 방법에 관한 책'을 의뢰하고 싶어서 찾아갔을 때도 "주제는 재미있는데 책 한 권 분량이 될지 좀 불안하군요……"라는 말을 들었습니다. 그래도 어떻게 일하면 좋을지 고민을 상담했더니 본질적인 답변을 해주었어요. 그때 저는 "이거 틀림없이 멋진 책이 될 겁니다!"라고 반응했죠.

그 결과 『일하는 방법을 제대로 배운 건 처음입니다』라는 재미있는 책을 만들 수 있었습니다.

글에는 '지금까지의 인생'이 응축된다

요즘 세상에는 정보나 콘텐츠가 흘러넘치도록 많습니다. 그래도 당신이 그 자리에 단단히 서서 지금까지 살아온 인생을 바탕으로 하는 발언은 반드시 '유일무이'한 것입니다. 거기에 가치가 있어요.

만화가이자 그림책 작가인 시리아가리 고토부키しりあがり寿 씨는 10초 만에 휙휙 그림을 그립니다. 그린 시간 자체는 10초여도 시리아가리 고토부키 씨의 지금까지 인생이 전부 담긴 그림이죠. 그러니 가치가 있어요. 한편, 다른 사람이 똑같이 그린다고 해도 거기에는 아무런 가치가 없습니다. 인터넷에서 찾을 수 있는 저렴한 업자에게 부탁하면 같은 것을 5천 원에 해줄지도 모릅니다. 그러나 시리아가리 씨가 그리면 몇십만 원이죠. 그건 '시리아가리 고토부키가 그렸다'는 데에 가치가 있기 때문입니다.

말도 그렇습니다. '인생이란 훌륭해'라는 같은 소리를 해도 5살 먹은 애가 하는 말과 90살 노인이 하는 말은 의미가 전혀 달라요. 아흔 살 노인의 "인생은 훌륭해"라는 말에는 90년간의 다양한 경험이 담겼습니다. 고작 몇 글자 안 되는 말도 하는 사람에 따라 효과가 달라져요.

14살의 나이로 올림픽에서 금메달을 딴 수영선수 이와사키 교코岩崎恭子 씨는 "지금까지 살면서 제일 행복합니다"

라고 말했습니다. 14살 어린이가 한 말이어서 재미있어요. 50살쯤 먹어 그럭저럭 경험을 쌓은 사람이 그런 말을 하면 '아아, 네, 그러시겠죠' 정도로 끝일 텐데, 그 나이에 한 말이라 주목받습니다.

글에는 그 사람이 지금까지 살아온 인생이 응축됩니다. 그 무게는 독자에게도 전해집니다. 내가 쓴 글은 절대로 무의미하지 않습니다.

계속 써서 아낌없이 '제공하자'

'지식이나 정보를 글로 쓰면 누가 훔쳐 가지 않을까?' 이런 걱정을 하는 사람도 있습니다. 그 점은 걱정하지 않아도 됩니다. 앞서 설명했듯이 정보 자체보다 '그 사람이 썼기에' 가치가 생기기 때문입니다.

당신은 일하면서 3살 아이를 키우는 사람입니다. 매일 일도 해야 하고 집안일도 챙기느라 힘드니까 대량으로 만들어 오래오래 먹을 수 있는 요리 레시피를 개발했어요. 그걸 인터넷에 공개한다면 어떻게 될까요?

레시피는 단순한 정보이니 사방에서 복사해서 마음대로 올릴 겁니다. 그래도 그것은 '일하면서 3살 아이를 키우는 당신의 정보'가 되지 못합니다. 재료와 분량을 적은 '평범한' 레시피죠.

'일하면서 3살 아이를 키우는 당신'이 올린 글이기에 가치가 있습니다. 그 레시피가 복사되어 퍼지면 퍼질수록 오히려 당신의 브랜드 가치는 높아집니다.

조금 과장해서 '이것을 글로 쓴 덕분에 인류가 한 걸음 나아갔다'라고 생각해 보세요.

'이걸 글로 써서 사람들에게 전달해서 이 세상을 아주 조금이라도 좋은 쪽으로 이끌어 가겠어' 그런 사명감으로 글을 쓰면 좋은 결과가 있을 거예요.

중요한 것은 괜한 보상을 기대하지 않고 그저 꾸준히 세상에 주는 것이 중요합니다. '다른 사람에게 공헌하자'는 의식으로 글을 쓰고 올립니다.

내가 뭘 얻을지 생각하지 말고 남들에게 무엇을 줄지 생각하면, 결과적으로 나도 주변도 행복해집니다.

한때는 '정보 수집'이 가치 있는 시대였습니다. 지금은 '정보 발신'이 가치 있는 시대예요. 지금이야말로 '읽는 쪽'에서 '발신자 쪽'으로 돌아서야 합니다. 가치를 받아들이는 사람에서 가치를 제공하는 사람으로요. 정보는 너무도 많지만 이를 '수준 높게 전달'할 수 있는 사람은 아직 그렇게 많지 않습니다. 전달하고 표현하는 시장은 압도적으로 블루오션입니다.

이렇게 하면
쓰는 것이 즐거워진다

01

'쓰기'는 말하기보다 적게 노력해도 된다. 게다가 더 많은 사람에게 전달할 수 있다. 열심히 쓰고 의사소통하자.

02

당신이 쓴 텍스트가 '첫 만남'이 되는 시대. 컨설턴트가 된 기분으로 전문 분야나 본업에 관한 주제를 써서 올려 보자.

03

'이걸 도대체 누가 보지?', '내 정보를 제공하는 건 아까워'라고 생각하지 말고 이 세상을 아주 조금이라도 좋게 하자는 마음을 갖자.

TIP 6 당신이 경영자(광고 종사자)라면 이런 걸 쓰면 좋다

저는 경영자의 책을 많이 만들었습니다. 요즘은 경영자 대신 note 같은 블로그 서비스에 포스트를 쓰거나 경영자의 발언을 돕는 일을 합니다.

그러다가 '경영자가 하고 싶은 말'과 '사람들이 듣고 싶은 말'의 차이를 알았습니다.

회사나 서비스의 '논리적 설명'보다 '사장 개인의 에피소드나 생각'이 더 재미있고 '추상적인 기업 이념'보다 '파산할 뻔한 고생담'이 인기 있어요.

의외로 자기 강점이나 매력을 본인이 모릅니다. 회사의 팬을 확보하고 인지도를 높이고 싶다면, 큰돈을 들여 자비 출판하거나 출판 설명회에 다니지 말고 지금부터 소개하는 주제를 note 같은 미디어를 통해 직접 올리는 것을 추천합니다. 돈도 들지 않아 가성비가 최고죠.

경영자 혹은 광고업자라면 이런 주제를 써보세요. 하나씩 설명하겠습니다.

1. 회사를 차리게 된 계기

회사 초기에는 반드시 '이야기'가 있습니다.

팬을 다수 보유한 회사는 보통 여러 사람과 자기들의 이야기를 공유합니다. 애플이라면 스티브 잡스Steve Jobs가 추방된 이야기를 다들 알고, 페이스북이라면 대학생들의 서비스로 시작했다는 걸 알죠. 이렇게 자신들만의 이야기를 하는 거죠.

2. 회사를 차린 이후 제일 고생했던 일

자꾸만 '성공담'을 말하고 싶어질 겁니다. "우리 회사는 설립한 이래로 순조롭게 성장해서 고객도 이만큼 늘었고 n년 후에는 상장도 이루었습니다!" 자랑하고 싶은 마음은 이해하지만, 독자는 별로 흥미를 못 느낍니다.

그보다는 고생한 일이나 실패한 일을 쓰는 게 좋아요. "회사를 세운 것까지는 좋은데 고객이 한 명도 없었다. 그래서 한동안은 파친코에 출근 도장을 찍었다"나 "분명 순조로웠는데, 불황을 겪으면서 도산하는 바람에 한때는 컵라면만 먹었다" 같은 이야기요. 고생한 이야기, 실패한 이야기를 보면 많은 사람이 '내 이야기'로 여길 수 있어서 쉽게 공감합니다.

3. 궤도에 올라 대대적으로 히트친 이야기

실패한 이야기만 있는 회사라면 재미는 있겠지만, 아무래도 '여기에 일을 맡기고 싶어'라는 마음은 안 들죠. 그러니 회사가 좋아지기 시작한 터닝포인트, 히트친 이야기도 씁니다. 위기에서의 부활극이죠. 바닥을 친 후에 상승가도를 달리는 데에 사람들은 매력을 느낍니다.

4. 상품이나 서비스의 탄생 비화

1번부터 3번까지는 회사 이야기였습니다. 이번에는 비슷하게 개별 상품이나 서비스에 관한 에피소드도 말해봅시다.

'상품의 좋은 점이나 이점'을 논리적으로 설명하는 게 아니라, "우리 아내가 레시피 사이트는 봐도 별로 재미가 없다길래 레시피에도 동영상을 첨부하면 좋겠다고 생각했다", "갑자기 부모님이 돌아가셔서 본가를 정리하느라 고생이었다. 그래서 대행하는 서비스가 있으면 좋겠다고 생각했다"처럼 그 상황을 상상할 수 있게(텔레비전 방송에서 재연 영상을 만들 수 있을 정도로 생생하게) 말합니다.

5. '앞으로 어떤 세상을 만들고 싶은가'

1번에서 4번이 세상에 알려지면, 회사에 관심을 보이는 사람도 많아질 겁니다. 그러니 이번에는 '앞으로 어떤 세상을 만들고 싶은가'라는 이상향을 말해보세요. 회사가 그리는 이상적인 미래를 말이죠. 이는 회사의 이념이나 설립 사상과도 연결됩니다.

이런 사항을 말할 때도 '디지털과 아날로그의 융합으로 고객에게 솔루션을 제공한다' 같은 딱딱한 글이 아니라 '누구나 간단하게 자기 의견을 말할 수 있는 세상을 만들고 싶다'처럼 누구나 '이해할 수 있는' 글을 쓰는 게 좋죠.

'건방진 태도'는 금물

주요 포인트는 '우뇌, 체온, 감정'입니다. 우뇌, 즉 감성이나 시각적 자극을 받는 뇌에 호소하는 겁니다. 글쓰기를 할 때, 다치면 피가 철철 흐를 듯한 '체온'이 느껴지도록 유념합니다. 이론이나 이치가 아니라 감정이 움직이는 글을 써야 한다는 말이죠.

SNS 시대, 스마트폰 너머에는 '침대에 편하게 누워 시간을 보내는 살아 숨 쉬는 인간'이 있습니다. 정장을 깔끔하게 입고 일하는 사람도 주말이나 집에 있을 때는 편안한 옷을 입는 평범한 사람이죠. 그런 사람에게 내가 하는 말이 다가가도록 씁니다. SNS 시대의 광고로는 이런 것이 효과적이에요.

객관적인 서술보다는 주관적인 서술이 좋습니다. 즉, '이런 서비스가 있습니다', '이런 이득이 있습니다'가 아니라 '나는 이런 서비스가 있으면 행복할 것 같으니까 합니다'나 '주변에 곤란한 사람이 있어서 만들었습니다'라고 말합니다. SNS 시대는 '회사'의 이야기가 아니라 '회사의 사장'이나 '회사에서 일하는 사람', 즉 사람의 이야기를 원해요.

참고로 한 수 가르쳐준다는 건방진 시선으로 말하면 팬이 생기지 않습니다. '우리 같이 해봐요', '저를 도와주세요' 같은 자세를 취하는 사람이 인기죠. 비단 SNS에서만 그렇지 않죠.

'이 상품, 진짜 대단하죠!'가 아니라 '이 상품을 팔고 싶은데 저를 도와주세요!'라고 말하는 편이 효과적이기도 합니다. '이 트윗을 널리 널리 리트윗해 주세요!'가 아니라 '이걸 어떻게 팔면 좋을지 같이 생각해 주세요'라고 하면 모두 '흠, 어디 보자' 하고 생각해 줍니다. '디자인은 A와 B 중 뭐가 좋나요?'라고 묻는 것도 효과적이죠.

'건방진 태도'가 아니라 '우리 같이 해보자'라는 태도가 중요합니다.

앞으로는

'쓸 수 있는 사람'이
유리해집니다.

글로 이 세상을 움직이자

어떠셨나요?

이 책의 노하우를 활용해 꼭 문장과 글의 수준을 높여 보세요. 매일 아주 조금씩, 1퍼센트씩이라도 좋습니다. 그러면 3년 후에는 아주 높은 곳에 도달했을 겁니다.

'전달되지 않는 글'이 '전달되는 글'로 바뀌면, 사람의 기분과 마음을 움직일 수 있습니다. 그러면 내 생각이나 마음을 알아달라고 할 수 있습니다.

'읽히지 않는 글'이 '잘 읽히는 글'로 바뀌면 비즈니스도 잘 풀립니다. 상품이 잘 팔리고, 가게나 이벤트에 사람들이 많이 찾아옵니다.

'지루한 글'이 '재미있는 글'로 바뀌면, 글만으로도 사람들을 즐겁게 해줄 수 있습니다. 전혀 모르는 사람에게 용기를 줄 수도 있죠. 자기 가치를 스스로 만들 수 있어요. 정말 대단하죠.

재미있는 글을 쓴다는 것은 '콘텐츠로 만들 수 있다'는 것입니다.

예전부터 제가 해온 주장인데, 세상의 모든 정보는 콘텐츠화할 수밖에 없습니다. 이미 광고도 홍보도 상품 설명도 전부 '재미없으면 읽지 않는' 시대입니다. 그러니 콘텐츠를 만들 수 있는 사람의 가치는 대단히 높습니다.

누구나 지금 당장 인생을 바꾸는 방법.

그것이 바로 '글쓰기'입니다.

이메일, 기획서, 의뢰서, 보고서, 의사록, 이력서, 트위터, note, 블로그, 페이스북……. 인생을 살며 수없이 쓸 기회가 찾아오는데, 그때 수준 높은 아웃풋을 만들어 내면 그때마다 인생이 '상향 수정'됩니다.

단 한 통의 이메일로 인간관계가 좋아집니다. 단 한 장의 기획서가 막대한 이익을 가져옵니다. 단 하나의 블로

그 포스트가 이 세계를 움직입니다. 이런 꿈만 같은 일도 가능합니다.

이 세상은 말로 움직입니다. 정치도 비즈니스도 인간관계도 전부 다 그렇죠. 그러니 말을 능숙하게 다루면 길이 열립니다. 쓸 때마다 세상이 달라져요. 쓸 때마다 당신의 인생도 형형색색으로 아름다워집니다.

이제 당신은 '쓰는 것이 어려운' 저주에서 풀려났습니다.

이제 높이 날아오를 순간입니다.

* * *

아직 아무것도 이루지 못한 내가 건방지게 '저자'가 되어도 괜찮을까…….

한참을 고민했는데 "쓰는 게 어려웠던 다케무라 씨가 어떻게 글을 쓸 수 있게 되었는가. 그걸 독자가 함께 체험할 수 있는 책을 만들어봐요"라는 편집자의 말에 용기를 얻어, 이렇게 출간하기에 이르렀습니다.

당연히 여기에서 소개한 노하우는 제가 처음부터 생각한 것이 아닙니다. 앞선 선인들과 선배들에게 많은 가르

침을 받고, 제 나름대로 정리한 것이죠. 이 책을 읽은 당신도 뭔가 배웠다면 부디 다음 사람에게 바통을 넘겨주세요.

마지막으로 이 자리를 빌려 감사 인사를 드리고 싶습니다.

출판이라는 귀중한 기회를 주시고 적절한 조언으로 여기까지 이끌어 주신 PHP연구소의 오기 겐 씨. 책을 통해 멋진 세계관을 만들어 주신 디자이너 미쓰모리 겐타 씨, 일러스트레이터 FUJIKO 씨.

책을 쓰는 동안 귀중한 조언을 해주신 가키우치 요시후미 씨, 나카무라 아키히로 씨. 니혼지쓰교출판사, 주케이출판, 세이카이사, 다이아몬드사에 다니던 시절 도움을 주신 상사, 선배, 동료, 저자, 관계자 여러분. 특히 베스트셀러가 되는 책의 기본을 알려주신 이이누마 가즈히로 씨. 문장 정리를 도와주신 도요후쿠 미나미 씨, 집중할 수 있는 환경을 제공해 주신 우에시마커피점.

좋아하는 일을 자유롭게 하게 해주신 부모님, 독서의 즐거움을 알려주신 아버지, 늘 옆에서 응원해 준 아내. 그리고 여기까지 읽어주신 당신에게.

진심을 담아 감사 인사를 드립니다.

마지막으로 이런 말을 선물하고 싶습니다.

완벽한 문장 같은 건 존재하지 않아.

완벽한 절망이 존재하지 않는 것처럼.

— 무라카미 하루키, 『바람의 노래를 들어라』 중에서

쓰는 게 어려워

1판 1쇄 인쇄 2024년 3월 11일
1판 1쇄 발행 2024년 3월 20일

지은이 다케무라 슌스케
옮긴이 이소담

발행인 양원석
편집장 차선화   **책임편집** 이슬기
디자인 신자용, 김미선   **해외저작권** 이시자키 요시코
영업마케팅 윤우성, 박소정, 이현주, 정다은, 백승원

펴낸 곳 ㈜알에이치코리아
주소 서울시 금천구 가산디지털2로 53, 20층(가산동, 한라시그마밸리)
편집문의 02-6443-8916   **도서문의** 02-6443-8800
홈페이지 http://rhk.co.kr
등록 2004년 1월 15일 제2-3726호

ISBN 978-89-255-7522-3 (03190)